essentials

essentials liefern aktuelles Wissen in konzentrierter Form. Die Essenz dessen, worauf es als „State-of-the-Art" in der gegenwärtigen Fachdiskussion oder in der Praxis ankommt. *essentials* informieren schnell, unkompliziert und verständlich

- als Einführung in ein aktuelles Thema aus Ihrem Fachgebiet
- als Einstieg in ein für Sie noch unbekanntes Themenfeld
- als Einblick, um zum Thema mitreden zu können

Die Bücher in elektronischer und gedruckter Form bringen das Fachwissen von Springerautor*innen kompakt zur Darstellung. Sie sind besonders für die Nutzung als eBook auf Tablet-PCs, eBook-Readern und Smartphones geeignet. essentials sind Wissensbausteine aus den Wirtschafts-, Sozial- und Geisteswissenschaften, aus Technik und Naturwissenschaften sowie aus Medizin, Psychologie und Gesundheitsberufen. Von renommierten Autor*innen aller Springer-Verlagsmarken.

Alexander Häfner · Sophie Hofmann

Zuhören für Führungskräfte

Wie Sie durch gutes Zuhören wirkungsvoller führen können

Alexander Häfner
Personalentwicklung, Würth Industrie
Service GmbH & Co. KG
Bad Mergentheim, Deutschland

Sophie Hofmann
Personalentwicklung, Würth Industrie
Service GmbH & Co. KG
Bad Mergentheim, Deutschland

ISSN 2197-6708 ISSN 2197-6716 (electronic)
essentials
ISBN 978-3-662-66724-8 ISBN 978-3-662-66725-5 (eBook)
https://doi.org/10.1007/978-3-662-66725-5

Die Deutsche Nationalbibliothek verzeichnet diese Publikation in der Deutschen Nationalbibliografie; detaillierte bibliografische Daten sind im Internet über http://dnb.d-nb.de abrufbar.

Planung/Lektorat: Marion Krämer
Springer ist ein Imprint der eingetragenen Gesellschaft Springer-Verlag GmbH, DE und ist ein Teil von Springer Nature.
Die Anschrift der Gesellschaft ist: Heidelberger Platz 3, 14197 Berlin, Germany

Was Sie in diesem *essential* finden können

- In diesem *essential* begründen wir, weshalb gutes Zuhören eine wichtige Führungskompetenz ist.
- Anhand von Beispielen und praktischen Tipps verdeutlichen wir, wie gutes Zuhören in der täglichen Führungsarbeit gelingt.
- Wir gehen auf besondere Herausforderungen für gutes Zuhören durch vermehrte Arbeit im Homeoffice und die oft hohe Zahl an Online-Meetings ein.
- Neben Anregungen für die direkte Führungsarbeit geben wir Empfehlungen für die Gestaltung von organisationalen Rahmenbedingungen, um gutes Zuhören in Unternehmen zu fördern.

Inhaltsverzeichnis

Über die Autoren

Dr. Alexander Häfner ist seit 2012 Leiter Personalentwicklung bei der Würth Industrie Service und Mitglied im Vorstand der Sektion Wirtschaftspsychologie des BDP. Zu seinen Hauptaufgaben gehören Training und Beratung von Führungskräften unterschiedlicher Hierarchieebenen.

Würth Industrie Service GmbH & Co. KG, Drillberg, 97980 Bad Mergentheim.

alexander.haefner@wuerth-industrie.com.

Sophie Hofmann ist Psychologin und als Expertin für internationale Führungskräfteentwicklung bei Würth tätig. Zu ihren Hauptaufgaben gehören die Entwicklung und Umsetzung von E-Learning-Angeboten, Präsenztrainings und Führungskräftecoachings.

Würth Industrie Service GmbH & Co. KG, Drillberg, 97980 Bad Mergentheim.

sophie.hofmann@wuerth-industrie.com

Einleitung: Warum gutes Zuhören für Führungskräfte so wichtig ist

„Gutes Zuhören kann doch nicht so schwierig sein. Ich höre mir einfach an, was mein Gegenüber zu sagen hat. Das ist doch wirklich nichts Besonderes. Weshalb soll ich mich mit dem Thema überhaupt beschäftigen?" Womöglich sind Ihnen ähnliche Gedanken durch den Kopf gegangen, als Sie dieses *essential* zur Hand genommen haben. In diesem Kapitel erläutern wir, dass gutes Zuhören leider keine Selbstverständlichkeit ist, dass wir unsere Fähigkeiten dabei leicht überschätzen und was gutes Zuhören an Positivem bewirken kann.

Ellinger et al. (2003) befragten Führungskräfte, wie häufig sie ihren Mitarbeitenden Fragen stellen. Wir verstehen das Stellen von Fragen als einen wichtigen Aspekt guten Zuhörens. Quasi als Einladung an den Mitarbeitenden sich mitzuteilen und damit als Aufschlag für gutes Zuhören. In der Studie gaben die Führungskräfte an, dass sie recht häufig Fragen stellen würden. Interessanterweise nahmen die Mitarbeitenden das ganz anders wahr. Die Autoren fanden einen beachtlichen Unterschied in der Wahrnehmung von Führungskräften und Geführten. Ob und wie häufig Fragen in einem Gespräch gestellt werden, sollte eigentlich für beide Seiten gut beurteilbar sein. Führungskräfte und Mitarbeitende müssten doch zu einer ähnlichen Einschätzung kommen. Die Studie zeigt, dass die jeweils subjektiven Wahrnehmungen sich deutlich unterscheiden können.

Eine Studie mit Studierenden bestätigt die Annahme, dass Selbst- und Fremdeinschätzung weit auseinanderliegen, wenn es um die Qualität des Zuhörens geht (Bodie et al., 2014). Tatsächlich scheint sogar keinerlei Zusammenhang zwischen der Einschätzung durch den Zuhörer (z. B. die Führungskraft) und den Sprecher (z. B. eine Mitarbeiterin) zu bestehen (Bodie et al., 2014). Auch zur Einschätzung zwischen dem Zuhörer und dritten Personen (z. B. Kolleginnen und Kollegen, die ein Gespräch mitverfolgen) ergibt sich kein Zusammenhang (Bodie et al., 2014). Unsere Selbsteinschätzung scheint leider mit der Fremdeinschätzung durch

A. Häfner und S. Hofmann, *Zuhören für Führungskräfte*, essentials, https://doi.org/10.1007/978-3-662-66725-5_1

unsere Gesprächspartner nichts zu tun zu haben. Auf diese Problematik haben auch Itzchakov und Kluger (2017) hingewiesen.

Für die Praxis ist das ein hoch relevanter Befund. Wir dürfen als Führungskräfte nicht davon ausgehen, dass wir mit unserer Selbsteinschätzung richtigliegen und tatsächlich so gut zuhören, wie wir das vielleicht annehmen. Wie gut höre ich tatsächlich zu? Wie kann ich mich gegebenenfalls verbessern? Diese beiden Fragen stehen im Zentrum dieses *essentials*. In Kap. 2, 3 und 4 gehen wir darauf ein, nachdem wir im ersten Kapitel die Relevanz guten Zuhörens herausgearbeitet haben. In Kap. 5 beschreiben wir Ansätze um Organisationen so zu gestalten, dass gutes Zuhören möglichst gefördert wird. Als durchgängiges Fallbeispiel begleiten wir in diesem *essential* die Teamleiterin Michaela durch ihren Arbeitsalltag.

Beispiel: Zuhören kommt im Arbeitsalltag oft zu kurz

Michaela hat immer sehr voll gepackte Tage. Ein Meeting reiht sich an das nächste. Dazwischen Telefonate und E-Mails. Wenn sie mit ihren Mitarbeitenden spricht, dann versucht sie möglichst knapp und präzise ihre Ideen zu vermitteln. Es muss schnell gehen. Der nächste Termin sitzt ihr schon im Nacken. Die meisten ihrer Mitarbeitenden arbeiten im Homeoffice, so dass direkte, persönliche Gespräche selten sind. Haben ihre Mitarbeitenden Fragen oder setzen sie zu längeren Ausführungen an, dann nimmt Michaela eine gewisse Unruhe bei sich wahr. Immer wieder ist sie dann genervt. Sie möchte möglichst schnell zum nächsten Punkt kommen. Manchmal ärgert sie sich über sich selbst, wenn sie bemerkt, wie ihre Gedanken schon beim nächsten Thema sind. Es passiert ihr auch, dass sie dann nochmal nachfragen muss: „Was meintest du gerade? Kannst du den letzten Punkt noch einmal wiederholen?" Oft bearbeitet sie während eines Telefonats ihre E-Mails. Irgendwie erlebt sie das zwar als anstrengend, aber dafür als sehr effizient. Jede Minute zählt. ◀

Michaela hat viele Themen gleichzeitig im Kopf, die sie beschäftigen. Darüber hinaus erlebt sie starken Zeitdruck. Auch die physische Distanz zu ihren Mitarbeitenden wirkt als Barriere für gutes Zuhören. Michaelas Situation vereint mehrere Aspekte, die gutes Zuhören erschweren (Van Quaquebeke & Felps, 2016). Doch ist das überhaupt ein Problem? Ist die Forderung nach gut zuhörenden Führungskräften nicht zu sozial-romantisch und verklärt humanistisch gedacht? Hört sich gut an, aber passt doch nicht wirklich in unsere schnelle, auf Effizienz getrimmte Arbeitswelt. Weshalb sollten sich Unternehmen Führungskräfte leisten, die gut zuhören?

Übersicht zu Argumenten, die für die Wichtigkeit guten Zuhörens sprechen

- *Unternehmen müssen sich immer wieder schnell verändern: mit gutem Zuhören gelingt das besser*
  Es gehört zu den Binsenweisheiten, dass Unternehmen sich schnell an veränderte Rahmenbedingungen anpassen und besser noch mögliche Veränderungen am Markt antizipieren oder selbst vorantreiben sollten. Dafür ist das Topmanagement darauf angewiesen, dass beispielsweise Führungskräfte aus dem Mittelmanagement ihre Ideen einbringen. Die Bereitschaft zum Zuhören auf Ebene des Topmanagements trägt dazu bei, dass Führungskräfte aus dem Mittelmanagement Vorschläge zu strategischen Themen einbringen (Dutton et al., 1997).

- *Innovationen entstehen in einem Klima des Zuhörens*
  Mehr denn je sind viele Unternehmen auf kreative Leistungen angewiesen. In wertschätzenden, vertrauensvollen Interaktionen können angstfrei Ideen eingebracht und gemeinsam in einem fruchtbaren Austausch weiterentwickelt werden (Rouse, 2020). Sich gegenseitig gut zuzuhören ist dabei ein wichtiger Aspekt. Wer anderen ohne Wertung interessiert zuhört, kann dadurch ein Klima der Sicherheit schaffen und so kreative Leistungen begünstigen (Rouse, 2020). Castro et al. (2018) berichten einen beachtlichen Zusammenhang zwischen Zuhören und kreativen Leistungen. Sie zeigen, dass gutes Zuhören aufseiten der Führungskräfte mit dem Erleben von psychologischer Sicherheit aufseiten der Mitarbeitenden einhergeht und darüber vermittelt mit kreativen Leistungen der Mitarbeitenden assoziiert ist.

- *Wer als Führungskraft gut zuhört, kann für die eigene Entwicklung profitieren*
  Wer sich als Führungskraft mit Blick auf seine Führungskompetenzen weiterentwickeln möchte, sollte auf das Feedback seiner Mitarbeitenden nicht verzichten. Wer kann einem besser bei der eigenen Weiterentwicklung helfen als das eigene Team? Kein Coach, keine andere Führungskraft erlebt uns als Führungskräfte in so vielen Führungssituationen wie unser Team. Eine tolle Quelle für Feedback. Wer gut zuhört, kann Fremdbilder einholen, diese mit seinem Selbstbild abgleichen und daraus Verbesserungen ableiten. Es gibt Hinweise, dass gutes Zuhören zu kritischer Selbstreflexion anregt (Itzchakov et al., 2017).

- *Gutes Zuhören hat vielfältige positive Effekte auf die Geführten*
  Für den Arbeitskontext legen zahlreiche Studien positive Effekte von gutem Zuhören auf wichtige Variablen nahe (Kluger & Itzchakov, 2022): Leistung, Beziehungsqualität, Arbeitszufriedenheit, Mitarbeiterbindung und Wohlbefinden. Wer gutes Zuhören erlebt, fühlt sich weniger ängstlich und gewinnt mehr Klarheit zu seinen Sichtweisen (Itzchakov et al., 2018).
- *Wer ungewollte Kündigungen vermeiden möchte, muss seinen Mitarbeitenden zuhören*
  Für Unternehmen ist es existentiell Leistungsträger nicht zu verlieren. Der Wettbewerb um Arbeitskräfte verschärft sich seit Jahren zunehmend. Wer als Führungskraft kein offenes Ohr für die Anliegen der Mitarbeitenden hat, muss verstärkt mit ungewollten Kündigungen rechnen. Wirksame Bindungsgespräche sind ohne gutes Zuhören nicht vorstellbar (Häfner & Truschel, 2022).
- *Gutes Zuhören ist auch gut für das Wohlbefinden des Zuhörenden*
  Interessanterweise gibt es Befunde, die nahe legen, dass gut Zuhörende in kritischen Gesprächssituationen (z.b. ein Kunde beschwert sich) weniger Angst erleben und sich selbst als kompetenter wahrnehmen (Itzchakov, 2020). Gut zuhören zu können wird als Puffer gegen Stress diskutiert (Itzchakov, 2020).

Die aufgeführten Argumente belegen, dass gutes Zuhören eine sehr wichtige Führungskompetenz ist. Gerade für die Gegenwart und Zukunft. Einige der angesprochenen Themen, wie beispielsweise Mitarbeiterbindung, Innovation und Veränderung, scheinen weiter an Relevanz zu gewinnen. So mag es im Jahr 2005 bei fast 5 Mio. Arbeitssuchenden weniger relevant gewesen sein die Bedürfnisse der Mitarbeitenden gut zu kennen und darauf einzugehen als bei ca. 2,5 Mio. Arbeitssuchenden im Sommer 2022. Wer heute eine Stelle ausschreibt, bekommt deutlich weniger Bewerbungen als 2005. Umso wichtiger ist es geworden Bindungsgespräche statt Vorstellungsgespräche zu führen (Häfner & Truschel, 2022). Vieles deutet darauf hin, dass sich diese Situation weiter verschärft. Gutes Zuhören wird damit für Unternehmen zu einer existentiellen Frage. Nachfolgend gehen wir zur Vertiefung der Argumente auf weitere Forschung ein.

Van Quaquebeke und Felps (2016) nehmen an, dass Zuhören in Verbindung mit offenen Fragen die Bedürfnisse nach Autonomie, nach Verbundenheit und Kompetenz bei den Mitarbeitenden befriedigt und, vermittelt durch mehr Motivation und Arbeitszufriedenheit, in positivem Zusammenhang mit Leistung und Mitarbeiterbindung steht.

Wer offene Fragen stellt und gut zuhört, bekommt mehr Informationen, kann diese bei Entscheidungen berücksichtigen, sichert sich Akzeptanz für Entscheidungen und darf mit dem Aufbau von positiven Arbeitsbeziehungen rechnen (Van Quaquebeke & Felps, 2016). Auch Lloyd et al. (2015) arbeiten gutes Zuhören als Basis für stabile und positive Beziehungen zwischen Führungskräften und Mitarbeitenden heraus. Sie beschreiben gutes Zuhören als den Motor für die Beziehungsgestaltung. Studien bestätigen den Zusammenhang von gutem Zuhören und Vertrauen (z. B. Lloyd et al., 2015).

Spätestens seit Mitte der 90iger Jahre hat der Coaching-Begriff Einzug in die Beschreibung der Führungsrolle gefunden (Ellinger et al., 2003). Die Führungskraft wird als eine Art Coach beschrieben, beziehungsweise es wird argumentiert, dass bestimmte Haltungen und Techniken aus dem Coaching für Führungskräfte hilfreich seien. Das Stellen von Fragen in Verbindung mit aufmerksamem Zuhören gehört dabei zum Standard-Repertoire.

Gerade in Zeiten, in denen Beschäftigte Unsicherheiten erleben, scheint gutes Zuhören als ein wichtiger Puffer zur Reduktion des Stresserlebens zu fungieren. Gutes Zuhören stärkt das Kontrollerleben aufseiten der Mitarbeitenden und trägt so zu stärkerem Sicherheitserleben bei (Kriz et al., 2021a). Die Autoren argumentieren, dass gutes Zuhören als ein Signal der Wertschätzung fungiert, dass Mitarbeitende mehr Klarheit zur aktuellen Lage und zu ihrer persönlichen Situation gewinnen, mehr Kontrolle erleben und sich ihrer eigenen Ressourcen stärker bewusst werden.

Die beschriebenen Zusammenhänge gibt es auch in die andere Richtung. Mitarbeitende, die den Eindruck haben, dass ihnen nicht gut zugehört wird, berichten negative Emotionen, mehr emotionale Erschöpfung und stärkere Fluktuationsabsichten (Lloyd et al., 2014). Die Autoren argumentieren, dass schlechtes Zuhören dazu führt, dass Mitarbeitende sich nicht trauen Probleme anzusprechen oder Sorgen zu teilen. Sie nehmen ihre Führungskraft als nicht erreichbar wahr und fühlen sich entmutigt.

Vieles spricht also dafür, dass gute Zuhörerinnen und Zuhörer die besseren Führungskräfte sind (z. B. Arendt et al., 2019; Kluger & Itzchakov, 2022). Ein guter Grund, um sich als Führungskraft damit zu beschäftigen. Zumal wir wahrscheinlich schlechter zuhören, als wir im Moment glauben. Also: heben wir unser Potential als gute Zuhörerinnen und Zuhörer.

Was gutes Zuhören konkret bedeutet

2

Gutes Zuhören ist viel mehr, als seinem Gesprächspartner schweigend gegenüber zu sitzen. Doch was bedeutet gutes Zuhören genau? In Abb. 2.1 geben wir einen systematischen Überblick zur Haltung, zu Verhaltensweisen und den direkten Effekten guten Zuhörens. Wir beziehen uns in Abb. 2.1 auf die Effekte, die unmittelbar im Gespräch zu erwarten sind. Alle Inhalte der Abbildung haben wir aus den Quellen zusammengestellt, auf die wir uns in diesem Kapitel beziehen. Eine wissenschaftlich fundierte Beschreibung guten Zuhörens findet sich auch bei Itzchakov (2020, S. 939).

McNaughton et al. (2008, S. 224, 225) schlagen als Orientierungsrahmen vier verschiedene Schritte zur Gestaltung guten Zuhörens vor. Leicht modifiziert empfehlen wir davon ausgehend das folgende Vorgehen:

1) Empathie und Respekt zeigen; sich das Anliegen/Thema schildern lassen
2) Offene Fragen stellen und sich Notizen machen
3) Gehörtes zusammenfassen und gemeinsam reflektieren, ob ich als Zuhörer die Inhalte richtig verstanden habe
4) Gemeinsam das weitere Vorgehen vereinbaren

In diesem Kapitel gehen wir ausführlich auf die richtige Haltung für gutes Zuhören und auf die Frage, was mit dem Gehörten durch die Führungskraft gemacht wird, ein. Damit stellen wir nicht spezifische Verhaltensweisen (z. B. das Stellen offener Fragen) in den Fokus, sondern zwei andere Aspekte, die für gelingendes Zuhören besonders wichtig sind.

A. Häfner und S. Hofmann, *Zuhören für Führungskräfte,* essentials,
https://doi.org/10.1007/978-3-662-66725-5_2

Haltung	Verhalten	Effekte
• starkes Interesse an den Äußerungen des Gesprächspartners • Offenheit für die Ideen, Sichtweisen, Anliegen etc. des Gesprächspartners • Ausrichtung der Aufmerksamkeit auf das Gespräch • Sensibilität für die Erwartungen des Gegenübers an das Gespräch • Gleichwertigkeit der Gesprächspartner • Bereitschaft den Gesprächspartner zu unterstützen • Wertschätzung • Empathie • nicht wertend	• offene und gute Fragen stellen • ausreden lassen • ermutigender Tonfall • Augenkontakt • Mimik und Gestik passend zum Gesprächsinhalt • Kopfnicken • Aufforderungen zum Weitererzählen • Bezug auf das Gesagte nehmen • Zurückhaltung bei Interpretationen und Schlussfolgerungen • Verständnis überprüfen • Gefühle verbalisieren • Ablehnung von Anliegen gut begründen • auf die Erwartungen des Gesprächspartners eingehen • passende Anregungen einbringen • auf Basis des Gehörten etwas unternehmen	• Ideen, Sichtweisen, Anliegen etc. werden offen geäußert. • Es kann gemeinsam etwas entwickelt werden. • Positive Emotionen/Wohlbefinden werden induziert. • Das gegenseitige Vertrauen wird gefördert. • Es entsteht mehr Klarheit bezüglich eigener Ansichten. • weniger Angst und mehr psychologische Sicherheit • Der Selbstwert wird gefördert. • mehr Kontrollerleben • Perspektivwechsel und gegenseitiges Verständnis werden erleichtert. • Es werden differenzierte Sichtweisen gefördert.

Abb. 2.1 Merkmale guten Zuhörens und dessen unmittelbare Effekte

2.1 Mit der richtigen Haltung in Gespräche hineingehen

Gutes Zuhören braucht zunächst einmal die richtige Haltung. Es geht darum, wie eine Führungskraft in die Gespräche mit ihren Mitarbeitenden hineingeht.

Beispiel: Die passende Haltung als Basis für gutes Zuhören

Michaela führt heute ein wichtiges Gespräch mit ihrer Mitarbeiterin Sandra. Wiederholt hat Sandra angesprochen, dass sie mit ihren Aufgaben überlastet ist. Es wird ihr alles zu viel. Sie möchte unbedingt Aufgaben abgeben. Michaela ist sehr daran gelegen, dass Sandra ihre Arbeit gesund und zufrieden erledigen kann. Sie möchte Sandras Signale ernst nehmen und gemeinsam mit ihr eine Lösung erarbeiten. Sie interessiert sich stark dafür, wie es Sandra geht, welche Aufgaben sie als besonders belastend erlebt und was ihr helfen könnte, um ihr Belastungserleben zu verbessern. ◀

Michaela geht mit starkem Interesse an Sandras Situation in das Gespräch hinein. Zudem möchte sie ihre Mitarbeiterin gerne unterstützen. Beides sind wesentliche Voraussetzungen für gutes Zuhören (siehe Abb. 2.1). Die skizzierte Haltung zeigt sich in beobachtbarem Verhalten, ist jedoch mehr als die Summe einzelner Verhaltensweisen. Gutes Zuhören ergibt sich beim Gesprächspartner als eine Art Gesamteindruck (Kluger & Itzchakov, 2022).

Beispiel: Eine gute Passung aus Haltung und Verhalten

Michaela hat für das Gespräch extra viel Zeit eingeplant. Sie möchte keinesfalls unter Zeitdruck geraten. Sie hat eigens einen Raum reserviert, um ungestört mit Sandra zu sprechen. Sie hat einige Fragen vorbereitet, um viel von Sandra zu erfahren. Auf ihrem Block hat sie notiert: „Seit wann ist die Situation so anstrengend für dich?", „Was hat sich da verändert?", „Wo siehst du die Ursachen für deine hohe Auslastung?", „Was hast du schon ausprobiert?", „Was würde dir helfen?", „Was kann ich beitragen, um die Situation zu verbessern?". Michaela gelingt es im Gespräch ihre Aufmerksamkeit auf Sandra zu fokussieren, durch ihre Fragen lösungsorientierte Denkprozesse bei Sandra anzustoßen und gemeinsam Lösungen zu erarbeiten, die sie direkt dokumentiert und Sandra im Nachgang zur Verfügung stellt. Eine konkrete Maßnahme ist beispielsweise, dass Sandra eine eher einfache, häufig wiederkehrende Aufgabe an den Praktikanten überträgt. Michaela nimmt die Aufgabe mit, ein Thema mit einer anderen Abteilung zu klären, das Sandra als sehr belastend erlebt. Michaela kümmert sich unmittelbar nach dem Gespräch darum. Am Ende des Gesprächs fragt Michaela, wie es Sandra jetzt geht und wie sie auf die kommenden Tage schaut. Sandra meint, dass sie die Hoffnung hat, dass die getroffenen Vereinbarungen helfen. Sie fühlt sich schon etwas weniger gestresst. Einmal pro Woche reflektieren Michaela und Sandra gemeinsam die weitere Entwicklung, um gegebenenfalls weitere Maßnahmen ergreifen zu können. Sandra erlebt viel Unterstützung durch ihre Führungskraft. ◄

Durch diese stimmige Kombination aus Haltung und Verhalten entsteht die besondere Qualität guten Zuhörens. Michaela zeigt starkes Interesse und trägt wesentlich zur Gestaltung eines vertrauensvollen Gesprächs bei. Sie möchte ihrer Mitarbeiterin gerne helfen. Daraus ergeben sich direkte Effekte, wie konkrete Lösungen und positive Emotionen bei Sandra.

Kriz et al. (2021b) führten 41 Interviews mit Beschäftigten. Sie ließen sich Situationen aus der Praxis beschreiben, in denen die Interviewten den Eindruck hatten, dass ihnen Führungskräfte gut oder schlecht zugehört haben. Auf Basis der Fallbeschreibungen extrahierten die Autoren Merkmale, die gutes und schlechtes Zuhören aus der Perspektive der Mitarbeitenden kennzeichnen.

Aus den Ergebnissen zogen die Autoren die Schlussfolgerung, dass es bei gutem Zuhören vor allem darum geht, dass die Beschäftigten echtes Interesse an ihren Bedürfnissen und Erwartungen erfahren und dass die Führungskräfte mit dem Gehörten nach dem Gespräch auch etwas anfangen. Wir konkretisieren diese zwei zentralen Punkte im weiteren Verlauf dieses Kapitels.

In unserem Fallbeispiel bringt Michaela viel Interesse für die Situation ihrer Mitarbeiterin mit und stellt dazu passende, offene Fragen. Es ist sehr wahrscheinlich, dass Sandra diese Fragen als ernst gemeint wahrnimmt. Ob sie ihre Führungskraft als gute Zuhörerin einschätzt, hängt jedoch auch stark davon ab, welche Lösungen im Gespräch erarbeitet werden und ob Michaela nach dem Gespräch, wie vereinbart, etwas unternimmt.

Mitarbeitende zu unterbrechen, sie quasi im Gespräch „abzuwürgen", während des Gesprächs abgelenkt zu sein oder Oberflächlichkeit im Gespräch (z. B. floskelhafte Reaktionen) führen mit hoher Wahrscheinlichkeit zu einer negativen Wahrnehmung der Qualität des Zuhörens (Kriz et al., 2021b). Diese Punkte sind sicher sehr einleuchtend, in der Praxis jedoch gar nicht so leicht umsetzbar.

▶ **Tipp** Legen Sie in Gesprächen Ihr Smartphone bei Seite. Stellen Sie sicher, dass Ihre Aufmerksamkeit auch nicht von anderen Geräten (z. B. Tablet auf dem Tisch, aufgeklapptes Notebook) oder Personen (z. B. Kolleginnen und Kollegen im Büro) abgelenkt wird.

Wenn Sie diesen Tipp umsetzen, werden Sie merken, dass Sie in Ihren Gesprächen präsenter sind, dass Sie mehr Klarheit in Ihre Gedanken bekommen und bessere Gesprächsergebnisse erzielen. Sie werden insgesamt besser zuhören. Aus psychologischer Perspektive sind diese Effekte sehr wahrscheinlich. Für die Praxis sind diese Überlegungen hoch relevant. Stellen Sie sich eine Führungskraft vor, die aufgrund diverser Ablenkungen in Gesprächen nur die Hälfte mitbekommt. Wie sollen auf dieser Basis gute Entscheidungen getroffen werden? Wie soll da ein wertschätzendes Miteinander gelingen?

Für gutes Zuhören ist die gezielte Nutzung spezifischer Techniken, wie zum Beispiel Blickzuwendung oder Kopfnicken, gar nicht so wichtig (Kriz et al., 2021b). Kriz et al. (2021b) arbeiten heraus, wie wichtig hingegen die innere Haltung gegenüber dem Gesprächspartner ist. Wir scheinen wahrzunehmen, ob uns jemand aufrichtig zuhört oder ob lediglich bestimmte Gesprächstechniken mechanistisch angewandt werden. Wenn echtes Interesse fehlt, dann werden solche Verhaltensweisen als aufgesetzte Techniken entlarvt. Aus diesem Blickwinkel betrachtet, könnten Trainings, die allein auf das Einüben bestimmter Techniken abzielen, sogar mehr schaden als nutzen.

Deshalb empfehlen wir Ihnen sehr, sich mehr mit der eigenen Haltung zu beschäftigen als mit spezifischen Verhaltensweisen. Sicher können Sie sich vornehmen, in jedem Gespräch mindestens zwei offene Fragen zu stellen. Wir wollen Sie nicht davon abhalten, solche Verhaltensweisen auszuprobieren. An erster Stelle möchten wir Sie jedoch dazu einladen, sich intensiv mit Ihrer inneren Haltung zu beschäftigen, mit der Sie in Gespräche mit Ihren Mitarbeitenden hineingehen. Zentrale Aspekte einer förderlichen inneren Haltung haben wir in Abb. 2.1 zusammengefasst. Es geht vor allem um die volle Aufmerksamkeit für unseren Gesprächspartner, um Sensibilität für seine Bedürfnisse und Anliegen und um Wertschätzung.

Wir gehen in unserem Buch immer wieder auf die Bedeutung der inneren Haltung ein. Wer als Führungskraft ein besserer Zuhörer oder eine bessere Zuhörerin werden möchte, sollte vor allem an der inneren Haltung arbeiten.

Fragen zur Reflexion der eigenen Haltung

- Wie gerne bin ich im Gespräch mit meinen Mitarbeitenden? Sehe ich Gespräche als wertvollen Teil meiner Führungsaufgabe oder eher als lästige Notwendigkeit?
- Schenke ich meinen Mitarbeitenden in Gesprächen meine volle Aufmerksamkeit?
- Wie sehr interessieren mich andere Meinungen, Anliegen und Ideen?
- Wie gut nehme ich wahr, was meine Mitarbeitenden von mir als Führungskraft benötigen?
- Mit wie viel Wertschätzung begegne ich meinen Gesprächspartnern?
- Wie sensibel bin ich für Erwartungen meiner Gesprächspartner an das Gespräch (auch wenn diese nicht offen benannt werden)?
- Wie wichtig ist es für mich, meine Mitarbeitenden gut zu unterstützen?

Die Frage nach der Haltung berührt mein Selbstverständnis als Führungskraft. Es geht darum, dass ich mich als Führungskraft für die Erwartungen interessiere, die Mitarbeitende mit dem Gespräch verknüpfen und dass ich die Bedürfnisse ernst nehme, die im Gespräch deutlich werden. Ob Führungskräfte die Erwartungen ihrer Mitarbeitenden an ein Gespräch erfüllen, ist wesentlich für die Beurteilung der Qualität des Zuhörens (Kriz et al., 2021b). Das heißt nicht, dass ich als Führungskraft alle Wünsche meiner Mitarbeitenden erfüllen kann. Sicherlich nicht. Es wird immer wieder notwendig sein, Kompromisse auszuhandeln oder auch Wünsche mit guter Begründung abzulehnen. Dabei ist ganz wichtig: keine Ablehnung ohne Begründung!

Mit welcher Haltung fülle ich meine Führungsrolle aus? Die adäquate Haltung des Zuhörenden lässt sich als wertschätzend und empathisch, als nicht urteilend, als sich kümmernd und das Gegenüber akzeptierend beschreiben (Arendt et al., 2019; Lloyd et al., 2016). So wird beim Gesprächspartner psychologische Sicherheit gefördert und ein Raum für Offenheit und für die Entstehung kreativer Leistungen geschaffen (Rouse, 2020).

Wenn Sie nun einwenden, dass diese Haltung im Umgang miteinander doch selbstverständlich sei, dann erinnern Sie sich bitte an ein Meeting, in dem die Aussagen von Kolleginnen und Kollegen bei Anderen Kopfschütteln, schweres Atmen, Augenrollen oder andere Zeichen fehlender Wertschätzung ausgelöst haben. Oder vielleicht ein Meeting, in dem Sie erlebt haben, dass die Gesprächspartner sich bewusst nicht verstehen wollen, die Aussagen anderer abwerten, sich selbst auf Kosten anderer aufwerten und sich gegenseitig niedere Motive unterstellen. Wahrscheinlich fallen Ihnen solche Situationen ein. Keiner von uns ist davor gefeit in solche Fallen zu tappen. Insbesondere wenn wir Stress erleben, können solche Verhaltensmuster auftreten.

> ▶ **Tipp** Lassen Sie sich nicht von anderen negativ anstecken. Wenn in Meetings Abwertungsspiralen in Gang kommen, dann steuern Sie dagegen oder halten Sie sich heraus.

Da die passende Haltung die entscheidende Voraussetzung für gutes Zuhören ist, flechten wir an dieser Stelle einen kurzen Exkurs rund um das Thema *Haltungen* ein. Die Ausführungen enthalten einige Hintergrundinformationen, die Ihnen die Reflexion und gegebenenfalls Weiterentwicklung Ihrer Haltungen erleichtern sollen.

Was ist mit Haltungen gemeint? Es geht um unsere *Einstellungen, Überzeugungen, Glaubenssätze* und unser *Mindset*. Sicher lassen sich zwischen den Begriffen Abgrenzungen vornehmen. Wir nutzen diese Begriffe jedoch als Synonyme. Wenn wir Ereignisse bewerten, das Verhalten unserer Mitarbeitenden interpretieren oder Entscheidungen treffen, dann dienen unsere Haltungen als Kompass. Das gilt natürlich für viele Aspekte unseres Lebens. Wir beziehen uns nachfolgend explizit auf unsere Qualitäten als Zuhörende.

Übersicht zu Aspekten eines hilfreichen Mindsets für gutes Zuhören
- „Es ist wichtig, dass ich mich für die Anliegen meiner Mitarbeitenden interessiere."
- „Eine gute Führungskraft kümmert sich um ihre Leute."
- „Es ist wichtig, dass ich mir Zeit für meine Mitarbeitenden nehme."
- „Eine gute Führungskraft sucht bei Schwierigkeiten nach Lösungen."
- „Ich möchte als Führungskraft etwas von meinen Leuten lernen."
- „Gute Gespräche können anderen helfen sich weiterzuentwickeln."

Solche Überzeugungen prägen unser Fühlen und Verhalten. Ob eine Führungskraft das Feedback eines Teammitglieds dankbar annimmt oder gekränkt zurückweist, hängt neben der Art und Weise des Feedbacks von den Überzeugungen der Führungskraft ab. Beispielsweise der Überzeugung, dass Feedback von Mitarbeitenden für die eigene Entwicklung hilfreich ist. Eine Führungskraft mit dem Mindset *„Ich möchte von meinen Leuten gerne etwas lernen"* wird sich in Gesprächen sicher anders verhalten als eine Führungskraft mit dem Mindset *„Als Führungskraft muss ich alles besser wissen und können als meine Leute."* Je nach Art und Ausprägung meiner Überzeugungen gehe ich als Führungskraft in Gespräche mit meinen Mitarbeitenden ganz unterschiedlich hinein und werde mich entsprechend verhalten.

Wir wollen allerdings nicht unerwähnt lassen, dass unser Verhalten von weiteren Faktoren beeinflusst wird. Physiologische und psychologische Bedürfnisse (z. B. nach Schlaf oder nach Autonomie) spielen für unser Verhalten ebenfalls eine wichtige Rolle. Auch grundlegende Persönlichkeitseigenschaften (z. B. Verträglichkeit) sind relevant. Bezogen auf die Qualität des Zuhörens ist beispielsweise zu erwarten, dass eine übermüdete Führungskraft, unabhängig von ihren Überzeugungen, in einem Gespräch weniger gut Zuhören wird. Von einer Führungskraft mit starker Ausprägung in der Persönlichkeitseigenschaft Verträglichkeit dürfen wir annehmen, dass sie versuchen wird Gespräche möglichst harmonisch zu gestalten.

Insbesondere Aspekte der Situation sind für unser Verhalten ebenfalls sehr relevant: Wenn wir in einem Gespräch beispielsweise Ablenkungen ausgesetzt sind, dann beeinflusst das unser Verhalten. Auch das System, in dem wir uns bewegen, hat eine prägende Wirkung. In einer Organisation mit einem Betriebsklima, das von gegenseitiger Wertschätzung gekennzeichnet ist, entsteht quasi eine gewisse Sogwirkung sich entsprechend zu verhalten. Das kann sogar bedeuten, dass wir uns entgegen unserer Überzeugungen verhalten. Systemische

Bedingungen beeinflussen zudem unsere Überzeugungen. Aus diesem Wechsel-
spiel der verschiedenen Einflussfaktoren ergibt sich unser Verhalten. Wir gehen
auf diese Zusammenhänge deshalb kurz ein, weil insbesondere in populärer
Ratgeberliteratur hin und wieder die Ansicht vertreten wird, dass unsere Überzeugungen unser Verhalten nahezu vollständig determinieren würden. Es wird
der Eindruck erweckt, dass wir nur die richtige Einstellung bräuchten und schon
würden wir uns „besser" verhalten. Mit Blick auf unterschiedliche psychologische Forschungsstränge erscheint uns diese Perspektive zu einseitig.

Wo kommen unsere Überzeugungen eigentlich her? Auch hier dürfen wir von
verschiedenen Einflussfaktoren ausgehen. Wie bereits angesprochen, bewegen
wir uns in Systemen, z. B. in unserer Familie oder in unserem Arbeitsteam. In
solchen Systemen gibt es geteilte Überzeugungen (z. B. „Wir geben gut auf-
einander acht."), die unsere persönlichen Einstellungen beeinflussen. Es kommt
also nie nur auf eine einzelne Person an, sondern wir sollten immer auch die
Systeme um die Person herum mit in den Blick nehmen. Kommen wir beispielsweise in ein neues Arbeitsteam, so dürfen wir davon ausgehen, dass uns die
geteilten Überzeugungen in diesem Team beeinflussen werden.

Seit frühester Kindheit sammeln wir jeden Tag Erfahrungen. Wir lernen
ständig etwas dazu. Unser Mindset wird auch von all dem geprägt, was wir bis-
lang gelernt haben, zum Beispiel in den Beziehungen mit unseren Partnern,
Geschwistern, Mitschülern, Kolleginnen und Kollegen und anderen wichtigen
Interaktionspartnern. Es macht für uns als Führungskräfte einen Unterschied,
ob uns in unserer Kindheit zugehört wurde oder eher nicht. Jeder von uns bringt
seine individuelle Lerngeschichte in den Arbeitsalltag mit.

Unsere Persönlichkeit wird zudem von unseren Genen geprägt. Ob wir beispielsweise soziale Situationen (wie Gespräche) eher als anregend erleben oder
eher als anstrengend, hat auch etwas mit dem zu tun, was wir in unseren Genen
von unseren Eltern mitbekommen haben. Spannend ist dabei auch, dass sich
Gene und Umwelt wechselseitig beeinflussen. Es gibt überzeugende Belege,
dass unsere Gene dabei eine Rolle spielen, welche Situationen wir aufsuchen und
umgekehrt wird die Wirkung unserer Gene von Umweltbedingungen beeinflusst.
Wir Menschen sind schon sehr spannende Wesen. Monokausale Erklärungen
greifen in der Regel zu kurz, z. B. die Aussage: „Ihre Mutter war schon eine
cholerische Chefin. Sie wird sich also genauso impulsiv verhalten."

In der Interaktion aus unseren Genen und unseren Erfahrungen sind wir als
Menschen gewachsen, wodurch sich quasi ein Boden gebildet hat, auf dem
unser Fühlen, Denken und Verhalten im Alltag gedeiht. Je nach der Beschaffen-
heit dieses Bodens wächst bestimmtes Verhalten besser oder schlechter.

In Interaktion mit wichtigen Bezugspersonen und durch bedeutsame Lebenserfahrungen festigen sich unsere Haltungen.

Sind unsere Haltungen als gegeben zu akzeptieren oder können wir diese verändern? Wir dürfen davon ausgehen, dass Veränderungen in gewissen Grenzen möglich sind, indem wir uns beispielsweise in neue Situationen begeben, in denen wir neue Erfahrungen sammeln. Auch durch Selbstreflexion und Impulse von außen können wir neue Erkenntnisse gewinnen. Das Ausprobieren von neuem Verhalten kann uns verändern. Wir halten es weder für möglich noch für sinnvoll unser Mindset von heute auf morgen neu zu *programmieren*. Viele unserer Überzeugungen sind mit hoher Wahrscheinlichkeit sehr nützlich für uns. Sie haben sich bewährt, zumindest in bestimmten Kontexten. Wollen wir uns weiterentwickeln, so ist es hilfreich unsere Haltungen und unser Verhalten zu hinterfragen und unser Denk- und Verhaltensrepertoire zu erweitern.

Keinesfalls sollten wir uns als Opfer unserer Gene, unserer bisherigen Lerngeschichte und der Systeme, in denen wir uns bewegen, definieren. Psychologische Forschung zeigt seit Jahrzehnten, dass wir uns verändern können. Vor diesem Hintergrund werben wir dafür, die eigene Haltung als Führungskraft zu reflektieren, sinnvolle Einstellungen beizubehalten und gleichzeitig offen zu sein für wertvolle, neue Perspektiven.

▶ **Tipp** Nehmen Sie sich immer wieder Zeit für Selbstreflexion zu Ihren Haltungen als Führungskraft. Planen Sie sich dafür zwei Mal im Jahr eine halbe Stunde Zeit in Ihrem Kalender ein:

- Was habe ich für Überzeugungen, die mein Führungshandeln prägen?
- Wo kommen diese Überzeugungen her?
- Was gibt es für Belege, dass diese Überzeugungen zutreffend sind?
- Welche Erfahrungen stellen diese Überzeugungen infrage?
- Welche neuen Sichtweisen habe ich in den letzten Wochen gewonnen?

Wenn ich mir als Führungskraft bewusst werde, dass innere Haltungen mein Verhalten prägen und diese unter anderem mit meinen Genen und meinen Lebenserfahrungen etwas zu tun haben, dann kann mir das helfen, anderen Menschen mit mehr Toleranz zu begegnen.

▶ **Tipp** Womöglich überraschen Sie manche Einstellungen Ihrer Mitarbeitenden. Halten Sie sich mit Wertungen zurück! Lassen Sie sich von anderen Perspektiven positiv überraschen! Wie auf einem Markt im Urlaub in einem anderen Kulturkreis, auf dem Sie neue Gewürze und Speisen entdecken können. Entwickeln Sie Offenheit und Toleranz für unterschiedliche Bedürfnisse, Ideen, Meinungen etc. Nehmen Sie sich doch einmal vor, Unterschiedlichkeiten bewusst in Gesprächen zu würdigen: „Ich finde es toll, wie du an dieses Thema herangehst. Das wäre mir nicht eingefallen.", „Es ist toll, wie viele unterschiedliche Meinungen hier eingebracht werden. Da sind für mich ganz neue, spannende Perspektiven mit dabei."

Wenn wir immer nur mit Menschen im Gespräch sind, die genauso ticken wie wir, dann werden wir unser Denk- und Verhaltensrepertoire kaum erweitern können. Es ist doch eher zu erwarten, dass Menschen dann zu Entwicklungshelfern für uns werden, wenn wir im Austausch mit ihnen andere Sichtweisen kennenlernen und für uns Neues erleben. Gutes Zuhören kann dafür ein Schlüssel sein.

2.2   Mit dem Gehörten etwas anfangen

Neben der Erkenntnis, dass es für gutes Zuhören stark auf die innere Haltung ankommt, ist auch die zweite Schlussfolgerung aus der Arbeit von Kriz et al. (2021b) sehr relevant. Die Beschäftigten beziehen in ihr Urteil zur Qualität des Zuhörens mit ein, ob nach dem Gespräch etwas passiert. Wurde beispielsweise um Unterstützung bei einer Aufgabe gebeten, so kommt es für die Mitarbeitenden ganz wesentlich darauf an, ob sie nach dem Gespräch diese Unterstützung auch tatsächlich bekommen. Zuhören und Handeln sind demnach eng miteinander verwoben und müssen gemeinsam betrachtet werden. Wer im Gespräch Offenheit und Interesse zeigt und dann in der Folge nichts tut, verletzt Erwartungen und ruft Enttäuschung hervor. Vermeintlich gutes Zuhören wird durch fehlendes Handeln ins Gegenteil verkehrt. Die Qualität des Zuhörens steht und fällt mit der Qualität des Handelns zwischen den Gesprächen.

Beispiel: gute Vorsätze, die dann auf der Strecke bleiben

Michaela hat festgestellt, dass es ihr immer besser gelingt sich in Gesprächen auf ihren Gesprächspartner zu konzentrieren. Sie ist mit deutlich mehr Aufmerksamkeit dabei als früher und macht sich während der Gespräche viele Notizen. Sie schreibt sich auf, worum sie sich im Nachgang kümmern möchte. Leider gehen dann in der Hektik des Alltags viele der vorgenommenen Punkte unter. Die Gesprächsnotizen stapeln sich auf ihrem Schreibtisch. Immer wieder kommt ihr dann in den Sinn, dass sie sich noch um dieses oder jenes kümmern wollte. Ihre Mitarbeitenden erinnern sie dann an die offenen Punkte, was ihr unangenehm ist. Sie bekommt ein schlechtes Gewissen. Insbesondere dann, wenn mehrere Erinnerungen notwendig sind, bis sie dann doch etwas tut. Sie versucht sich zwar damit zu trösten, dass sie furchtbar viel und ganz, ganz wichtige Dinge zu tun hat, ist sich aber gleichzeitig bewusst, dass das eine faule Ausrede ist. Sie weiß, dass es für Führungskräfte kaum etwas Wichtigeres gibt, als getroffene Vereinbarungen gegenüber den eigenen Mitarbeitenden umzusetzen. ◄

Bei unserem Beispiel ist zu erwarten, dass sich die Mitarbeitenden zunächst freuen, dass Michaela ihnen aufmerksam zuhört, sich Notizen macht und signalisiert, dass sie sich um bestimmte Punkte im Nachgang kümmern wird. Umso größer wird dann die Enttäuschung sein, wenn sie vergeblich auf eine Rückmeldung warten. Möglicherweise trauen sich manche Mitarbeitende gar nicht nach einiger Zeit nochmal nachzufragen oder resignieren, wenn sie wiederholt die Erfahrung machen, dass Versprochenes nicht umgesetzt wird. Wenn Michaela nicht, wie angekündigt, zu einer Aufgabe Feedback gibt, mit ihrer eigenen Führungskraft einen Sachverhalt klärt, sich zu einem bestimmten Thema nochmal Gedanken macht oder eine notwendige Entscheidung trifft, dann wird dies aufseiten der Mitarbeitenden zu Frustration und Unzufriedenheit führen. Der Ruf als gute Zuhörerin ist dann schnell dahin.

Gutes Zuhören lässt sich nicht anhand bestimmter objektiver Merkmale in einer bestimmten Gesprächssequenz erschöpfend analysieren. Zumindest fehlt dann ein wesentlicher Teil. Eine Führungskraft, die mit großer Aufmerksamkeit zuhört und viele der in Abb. 2.1 genannten Verhaltensweisen umsetzt, wird dennoch nicht als guter Zuhörer oder gute Zuhörerin wahrgenommen, wenn beispielsweise Ideen nicht aufgegriffen oder Versprechungen nicht eingehalten werden. Dann entsteht eine Geschichte anhaltender Enttäuschungen, die durch das vermeintlich gute Zuhören noch verschlimmert werden. Dann wird im ersten Moment zwar hingehört, aber es wird nicht auf das gehört, was angesprochen worden ist. Wenn Sie versprechen, dass Sie sich um etwas kümmern, dann muss das für Sie höchste Priorität haben. Im Übrigen nicht nur, weil Sie gut zuhören möchten, sondern weil Sie von Ihren Mitarbeitenden als Führungskraft keine Verbindlichkeit erwarten können, wenn Sie selbst nicht verbindlich handeln.

> ▶ **Tipp** Sagen Sie in Gesprächen ganz klar, was Sie mit dem Gehörten anfangen werden. Und sagen Sie auch deutlich, wenn Sie beispielsweise bestimmte Wünsche nicht erfüllen oder Ideen nicht aufgreifen wollen oder können. Begründen Sie das gut. Womöglich fällt es Ihnen als Führungskraft (noch) schwer damit umzugehen, dass Sie Erwartungen von Mitarbeitenden leider enttäuschen müssen. Hierzu bieten wir Ihnen den folgenden Gedanken an: „Es gehört zu meiner Führungsaufgabe, Mitarbeitenden zu sagen, dass ich persönlich oder wir als Unternehmen bestimmte Anliegen nicht erfüllen können. Das ist ein relevanter Teil meiner Führungsaufgabe. Wichtig ist: jede Ablehnung mit Begründung!"

Bereits im Gespräch ist es für die Qualität des Zuhörens wichtig, dass es gelingt, durch geeignete Fragen und passende Anregungen etwas in Gang zu bringen: neue Ideen entstehen, Kompetenzen werden aufgebaut, offene Fragen geklärt (Kriz et al., 2021b). Eine gut zuhörende Führungskraft kann einen Beitrag dazu leisten, dass die Mitarbeitenden im Gespräch mehr Klarheit für sich gewinnen, z. B. zu Ansichten, zu Interessen oder Kompetenzen. Sie ordnen ihre Gedanken, entdecken neue Perspektiven und gewinnen Erkenntnisse (Lloyd et al., 2015). Das Stellen guter Fragen und dosierte Anregungen, die den Gesprächspartner weiterbringen, verstehen wir vor diesem Hintergrund als einen wichtigen Aspekt guten Zuhörens (Zenger & Folkman, 2016).

Welchen Mehrwert hat das Gespräch für den Mitarbeitenden? Diese Frage sollten wir uns als Führungskräfte stellen. Das kann auch bedeuten, Ideen zu würdigen und aufzugreifen, die das Team oder das Unternehmen weiterbringen. Zenger und Folkman (2016) betonen, dass es nicht darum gehen darf, eine Debatte zu gewinnen, sondern für den Gesprächspartner hilfreich sein zu wollen. Abb. 2.2 gibt einen Überblick darüber, was in Gesprächen durch gutes Zuhören geleistet werden kann.

Kriz et al. (2021b) betonen, dass es im Zusammenspiel zwischen Führungskräften und Mitarbeitenden nicht um ein einzelnes Gespräch geht, sondern um einen Prozess, der sich aus der Vielzahl gemeinsamer Gespräche und damit verbundener Handlungen ergibt.

Abb. 2.2 Was durch gutes Zuhören in Gesprächen alles geleistet werden kann (ein Auszug wichtiger Aspekte)

Fragen zur Reflexion des Verhaltens nach Gesprächen

- Bereite ich Gespräche ordentlich nach? (z. B. Notizen erstellen, etwas abklären, Vorschläge aufgreifen, etwas verändern)
- Gebe ich meinen Gesprächspartnern ein Feedback, wenn ich mich um bestimmte Themen nach einem Gespräch gekümmert habe?
- Begründe ich beispielsweise einer Mitarbeiterin in einem weiteren Gespräch, wenn ich bestimmte Ideen nicht aufgreife oder Wünschen nicht nachkomme?

Im folgenden Kapitel gehen wir auf typische Gesprächssituationen im Führungsalltag ein und erläutern, wie diese als Chancen für gutes Zuhören genutzt werden können.

Wie Führungskräfte gutes Zuhören in ihrer täglichen Praxis umsetzen

Womöglich gibt es bei Ihnen in der Organisation einmal im Jahr ein formalisiertes Mitarbeitergespräch zwischen Führungskräften und Mitarbeitenden. In solchen Gesprächen werden oft Ziele für das kommende Jahr vereinbart, die Zielerreichung wird mit Blick auf das zurückliegende Jahr bewertet, die Zusammenarbeit wird reflektiert und es wird über die allgemeine Arbeitszufriedenheit gesprochen. Auch Leistungsbeurteilungen, Kompetenzentwicklung und Karriereperspektiven können Bestandteil solcher Gespräche sein, die dokumentiert und in der Personalakte gespeichert werden. In manchen Unternehmen werden die verschiedenen Themen auch auf mehrere Gespräche aufgeteilt. In der Regel werden den Führungskräften für solche Gespräche Leitfäden, Protokollvorlagen oder ähnliches zur Verfügung gestellt, um sie in der Gesprächsführung zu unterstützen. Solche Gespräche sind eine hervorragende Gelegenheit für gutes Zuhören. Sollen beispielsweise die Arbeitsbedingungen reflektiert oder sinnvolle Entwicklungswege vereinbart werden, so wird dies ohne gutes Zuhören kaum gelingen. Solche Gespräche sind ein wertvolles Instrument, um Wünsche und Sorgen der Mitarbeitenden aufzunehmen. Ein Mitarbeiter möchte womöglich mehr im Homeoffice arbeiten, eine Mitarbeiterin hat Interesse an einer Weiterbildung, eine andere möchte gerne Teamleiterin werden – eine Vielzahl an Themen kann in solchen Gesprächen auf den Tisch kommen. Anliegen müssen geklärt, Möglichkeiten ausgelotet und nicht selten Kompromisse gefunden werden. Gutes Zuhören ist dafür die entscheidende Voraussetzung. In Abschn. 3.2 gehen wir auf solche besonderen Gesprächsanlässe ein, zum Beispiel auf Entwicklungsgespräche.

A. Häfner und S. Hofmann, *Zuhören für Führungskräfte,* essentials, https://doi.org/10.1007/978-3-662-66725-5_3

Beispiel: Jahresgespräche als echten Dialog gestalten

In Michaelas Unternehmen werden jährlich im letzten Quartal sogenannte Jahresgespräche geführt. Michaela stellt fest, dass sie in diesen Gesprächen einen sehr hohen Redeanteil hat. Sie erzählt, was aus ihrer Sicht im aktuellen Jahr alles gut geklappt hat und woran aus ihrer Sicht im neuen Jahr noch mehr oder besser gearbeitet werden muss. Ihr fällt auf, dass sie mehr einen Monolog hält, als einen Dialog zu führen. Ab und an stellt sie im Gespräch geschlossene Fragen: „Hast du das auch so erlebt?", „Stimmst du mir zu?". Über die Sichtweisen ihrer Mitarbeitenden und mögliche Anliegen erfährt sie wenig. In zukünftigen Jahresgesprächen möchte sie das verändern und einen echten Dialog auf Augenhöhe gestalten. ◄

Im Fokus unseres *essentials* stehen jedoch nicht in erster Linie solche speziellen Anlässe, sondern vor allem die alltägliche Kommunikation zwischen Führungskräften und Mitarbeitenden. Wir argumentieren, dass es auf die Mitarbeitenden sogar negative Effekte hat, wenn Führungskräfte, die das ganze Jahr über schlecht zuhören, sich dann aufgrund formeller Anlässe (z. B. ein verpflichtend vorgeschriebenes Jahresgespräch) um gutes Zuhören bemühen. Die Wahrscheinlichkeit ist hoch, dass dieses Verhalten als nicht authentisch wahrgenommen wird. Insbesondere dann, wenn mit dem Gehörten nichts gemacht wird: Wenn also in den Gesprächen nicht argumentiert, Hintergründe erläutert, Vereinbarungen getroffen und im Nachgang umgesetzt werden. Enttäuschungen aufseiten der Mitarbeitenden sind dann sehr wahrscheinlich. In Abschn. 3.2 gehen wir auch auf solche alltäglichen Situationen ein, zum Beispiel eine wöchentliche Regelbesprechung zu diversen Punkten zwischen Führungskraft und Mitarbeitenden.

Zunächst beschäftigen wir uns in Abschn. 3.1 mit der Gestaltung passender Rahmenbedingungen. Damit meinen wir nicht organisationale Rahmenbedingungen (z. B. die Ausstattung von Besprechungsräumen), sondern Aspekte, die jede Führungskraft weitgehend selbst in der Hand hat (z. B. in Gesprächen das eigene Smartphone bei Seite legen). Wir gehen davon aus, dass gutes Zuhören im ersten Schritt gute Rahmenbedingungen braucht. Im nächsten Schritt beschreiben wir unter 3.2 typische Gesprächssituationen und wie in diesen Situationen gutes Zuhören gelingen kann. Abschließend gehen wir in Abschn. 3.3 darauf ein, wie Führungskräfte ihre Qualitäten als Zuhörende über einen längeren Zeitraum hinweg sukzessive weiterentwickeln können.

Gutes Zuhören braucht einen passenden Rahmen. Wir argumentieren, dass gutes Zuhören im Zusammenspiel aus förderlichen Rahmenbedingungen, der passenden inneren Haltung und dem damit verknüpften konkreten Verhalten entsteht. Um die eigenen Qualitäten als Zuhörer oder Zuhörerin zu verbessern, ist tägliche Übung in der Praxis wichtig und immer wieder Feedback dazu, zum Beispiel von den eigenen Mitarbeitenden oder anderen Führungskräften.

3.1 Die passenden Rahmenbedingungen für gutes Zuhören schaffen

In Experimenten wurde nachgewiesen, dass Ablenkungen (z. B. ein flimmernder Bildschirm hinter dem Sprecher) die Qualität des Zuhörens beeinträchtigen (z. B. Itzchakov et al., 2017, Studie 3). Kriz et al. (2021b) argumentieren, dass die Fokussierung der Aufmerksamkeit auf den Sprecher eine wichtige Voraussetzung für gutes Zuhören sei. In diesem Abschnitt diskutieren wir, wie es Führungskräften im Alltag gelingen kann, ihren Teammitgliedern immer wieder Aufmerksamkeit zu schenken und möglichst ungestört ins Gespräch zu kommen. Tab. 3.1 enthält eine ganze Reihe von Anregungen, die wir um Erläuterungen und Beispiele ergänzen. Die Vorschläge zielen darauf ab, die Fokussierung der Aufmerksamkeit auf den Gesprächspartner zu fördern.

Die Anregungen aus Tab. 3.1 richten sich gleichermaßen an Führungskräfte in kaufmännischen Bereichen, in der Produktion, in Forschung und Entwicklung, in Stabsabteilungen oder der Logistik. Eine „Guten Morgen"-Runde beispielsweise ist in einem Produktionsbereich in der Regel genauso möglich, wie in einem Büro. Gespräche sollten immer gut vor- und nachbereitet werden ganz unabhängig vom Arbeitsbereich.

Beispiel: gute Nachbereitung von Gesprächen

Michaela hat sich fest vorgenommen Gespräche mit ihren Mitarbeitenden immer unmittelbar nachzubereiten. Damit das gelingt, plant sie nach jedem Gespräch mindestens 15 min ein, oft auch mehr. Bei besonders wichtigen Gesprächen fasst sie die Ergebnisse für sich selbst und ihr Teammitglied in einer E-Mail kurz zusammen (z. B. eine Vereinbarung zur Veränderung des Beschäftigungsgrades oder zur Homeoffice-Regelung). Bei jedem Gespräch überlegt sie, welche Aufgaben sich daraus für sie ergeben und plant diese Aufgaben unmittelbar in ihrem Kalender ein. Für jedes Teammitglied hat sie digital eine Übersicht, in der sie sich wichtige Punkte notiert, die sie zu einem späteren Zeitpunkt nochmals mit dem betroffenen Teammitglied reflektieren möchte. In zukünftigen Abstimmungen nimmt sie sich diese Punkte dann

Tab. 3.1 Anregungen zur Förderung guten Zuhörens

Anregungen	Erläuterungen und Beispiele
Den Arbeitstag mit einer „Guten Morgen"-Runde beginnen	Wir empfehlen Führungskräften am Morgen bei ihren Teammitgliedern am Arbeitsplatz vorbeizugehen und ihnen einen „Guten Morgen" zu wünschen. Diese „Guten Morgen"-Runde kann zu Beginn des neuen Tages eine erste Gelegenheit sein, um miteinander ins Gespräch zu kommen. Möglicherweise haben Teammitglieder ein Anliegen, das sie bei dieser Gelegenheit direkt platzieren können. Wir raten dazu, jedes Teammitglied direkt anzusprechen und dies beispielsweise mit einer Frage zu verknüpfen: „Wie war dein Start in den Tag?", „Wie läuft es bei dir?", „Wie kommst du voran?". Kommen Themen auf, die sich nicht in wenigen Minuten klären lassen, so kann direkt ein Gesprächstermin vereinbart werden. Die „Guten Morgen"-Runde setzt voraus, dass ich mir als Führungskraft, je nach Teamgröße, beispielsweise in der ersten halben Stunde des Tages keine Termine einplane.
In den Tagesablauf immer wieder Freiräume für spontane Gespräche einbauen	Eine Führungskraft, die ihren Terminkalender durchgängig mit Meetings und Aufgaben gefüllt hat, wird kaum spontan zuhören können. Wir argumentieren, dass der Raum für ungeplante Gespräche gerade für viel beschäftigte Führungskräfte wichtig ist. Wenn Sie das bislang nicht getan haben, dann beginnen Sie mit 15 min Freiraum pro Tag und reflektieren Sie die Effekte. Bewährt sich der Ansatz für Sie, so könnten Sie sich auf 30 oder gar 45 min steigern. In dieser Zeitspanne könnten Sie beispielsweise auf ein Teammitglied zugehen, das in der „Guten Morgen"-Runde Gesprächsbedarf signalisiert hat, oder Sie greifen die nachfolgende Anregung in solchen Freiräumen auf.
Mehrmals am Tag in die Kaffeeküche, über den Gang, durch die Büros, durch die Werkshalle gehen	Wenn Führungskräfte immer wieder den Kontakt zu ihren Mitarbeitenden suchen, können spontane Gespräche entstehen. Aus der Praxis wissen wir, dass dies Führungskräften aufgrund der Dichte an Aufgaben und Terminen sehr schwer fallen kann. Beginnen Sie beispielsweise mit einem kleinen Rundgang nach Ihrem letzten Meeting am Nachmittag und sprechen Sie Ihre Mitarbeitenden direkt an: „Wie ist dein Tag gelaufen?", „Welche Probleme sind aufgetreten?", „Was hat heute gut geklappt?", „Wie bist du mit deiner Arbeit heute zufrieden?".
Teammitglieder anrufen, anstatt eine E-Mail zu schreiben	Auch wenn Teammitglieder nicht gemeinsam mit ihrer Führungskraft an einem Standort arbeiten, kann die Führungskraft den persönlichen Kontakt suchen. Gerade bei Führung auf Distanz empfehlen wir beispielsweise eine E-Mail nicht mit einer E-Mail zu beantworten, sondern mit einem Telefonat. Das schafft Anlässe für gutes Zuhören. Sicher ist das nicht bei jeder E-Mail sinnvoll.

(Fortsetzung)

Tab. 3.1 (Fortsetzung)

Anregungen	Erläuterungen und Beispiele
Mit den Teammitgliedern regelmäßige Gesprächstermine vereinbaren	Regelmäßige Gesprächstermine können eine Kultur des Zuhörens fördern, indem beispielsweise von der Führungskraft offene Fragen gestellt werden: „Wie ist dein Tag bis jetzt gelaufen?", „Wie zufrieden bist du mit dem wichtigen Meeting, das du gestern hattest?". Insbesondere wenn Führungskraft und Team nicht an einem gemeinsamen Ort arbeiten, erscheinen uns solche Gesprächsrituale unverzichtbar.
Je nach Gesprächsanlass ausreichend Zeit vorsehen	Eine Mitarbeiterin möchte sich gerne zur Schichtführerin entwickeln. In einem ersten Entwicklungsgespräch möchten Sie als Führungskraft die Motive hinterfragen. Dieses Gespräch wird in 20 min sicher nicht sinnvoll geführt werden können. Angemessen ist wahrscheinlich eine Gesprächszeit von ein oder zwei Stunden. Stellen Sie sicher, dass Sie in Gesprächen nicht unter Zeitdruck geraten. Das wird nicht immer gelingen. Es lohnt sich daran zu arbeiten.
Vor und nach Besprechungen 15 min einplanen	Es ist unmöglich einen ganzen Arbeitstag maximal aufmerksam zu sein. Ohne Pausen lässt unsere Konzentration schnell nach. Wir empfehlen, zwischen Besprechungen 15 min Zeit einzuplanen. So können Sie die „5+5+5"-Regel nutzen: 5 min für die Nachbereitung des letzten Gesprächs (z. B. Gesprächsnotiz erstellen, eine kurze E-Mail schreiben, 5 min für eine kurze Pause (z. B. einen Tee holen) und 5 min für die Vorbereitung auf das nächste Gespräch (z. B. relevante Unterlagen bereitlegen). In der Praxis ist die Umsetzung dieser Regel vor allem für höhere Führungskräfte eine große Herausforderung. Die 15 min müssen oft hart verteidigt werden. Wenn es gelingt, sind positive Effekte auf die Qualität des Zuhörens und insgesamt auf die Gesprächsqualität sehr wahrscheinlich.
Gespräche inhaltlich gut vorbereiten	Habe ich alle Unterlagen griffbereit? Habe ich mir gegebenenfalls Notizen für das Gespräch gemacht oder Fragen vorbereitet? Gutes Zuhören beginnt mit einer professionellen Vorbereitung. Was möchte ich im Gespräch klären? Was möchte ich von meinem Gesprächspartner erfahren? Bereits wenige Minuten konzentrierte Vorbereitung können nach unserer Erfahrung wesentlich zur Gesprächsqualität beitragen.

(Fortsetzung)

Tab. 3.1 (Fortsetzung)

Anregungen	Erläuterungen und Beispiele
Gespräche möglichst direkt nachbereiten	In Abschn. 2.2 sind wir darauf eingegangen, wie wichtig es für gutes Zuhören ist, dass nach dem Gespräch auch etwas mit dem Gehörten gemacht wird. Legen Sie Ihre Notizen also bitte nicht auf einen Stapel, den Sie dann nicht bearbeiten, sondern bereiten Sie das Gespräch unmittelbar nach. Müssen Sie etwas mit Ihrer eigenen Führungskraft oder mit Teammitgliedern klären? Haben Sie zugesagt, bis zu einem bestimmten Termin Feedback zu einer Aufgabe zu geben? Nehmen Sie sich Ihre To-dos auf Termin und halten Sie sich an die Terminierung. Wichtige Gesprächsergebnisse sollten für alle Beteiligten schriftlich festgehalten werden. Oft muss das kein ausgefeiltes Protokoll sein. Eine kurze E-Mail mit den Ergebnissen kann ausreichen.
Während Besprechungen nicht auf den Bildschirm, das Tablet, das Smartphone etc. schauen	Digitale Geräte haben viel Ablenkungspotential. Gerade in Meetings mit größerem Teilnehmerkreis kommt es vor, dass mit dem aufgeklappten Notebook, dem Tablet oder Smartphone E-Mails bearbeitet werden oder im Internet gesurft wird. Gutes Zuhören wird unter diesen Bedingungen nicht gelingen. Wenn Sie einem Gesprächspartner gut zuhören möchten, dann sollten Sie in Gesprächen durchgängig auf digitale Geräte verzichten oder zumindest sicherstellen, dass Sie nur die Anwendung öffnen, die Sie gerade für das Gespräch benötigen, beispielsweise um Notizen zu erstellen.
Sich im Raum so platzieren, dass Ablenkungen durch die Umgebung unwahrscheinlich sind	Ganz unterschiedliche Ereignisse können uns von unserem Gesprächspartner ablenken, beispielsweise ein Kollege, der das Nachbarbüro betritt und den wir durch eine Glastür sehen; eine Baustelle, die wir durch unser Fenster wahrnehmen; das Radio von Kolleginnen und Kollegen im Nachbarbüro. Die kognitiven Kapazitäten eines jeden Menschen sind begrenzt und wir sind nicht besonders gut darin unsere Aufmerksamkeit auf mehrere Aufgaben und Ereignisse zu verteilen. Deshalb empfehlen wir, den Ort und die Sitzposition insbesondere bei wichtigen Gesprächen bewusst störungsarm zu wählen.
Sich mental auf ein anstehendes Gespräch einstimmen	Jeden Tag führen wir mit uns selbst innere Dialoge. Diese können wir zumindest teilweise bewusst gestalten. Wir empfehlen Ihnen sich einen stimmigen Gedanken zurecht zu legen und diesen vor Gesprächen zu nutzen. Mögliche hilfreiche Gedanken können sein: „Ich konzentriere mich jetzt ganz auf unser Gespräch.", „Ich schenke meinem Gesprächspartner meine volle Aufmerksamkeit.", „Ich bin offen für die Ideen meines Gesprächspartners.", „Ich bin gespannt, was wir zusammen erarbeiten können." Ihr persönlicher Satz, der Ihnen hilft sich auf Ihren Gesprächspartner zu fokussieren, kann natürlich ganz anders lauten.

wieder her, um nachzufragen. Für Michaela ergeben sich nach Gesprächen ganz unterschiedliche Aufgaben: mit ihrer eigenen Führungskraft den Karrierewunsch einer Mitarbeiterin reflektieren, Feedback zu einer Aufgabe geben, einen Sachverhalt mit einer anderen Abteilung klären, in der Personalabteilung eine Information einholen. Wichtig ist Michaela, dass sie diese Aufgaben verbindlich terminiert und ihren Mitarbeitenden sagt, wann sie mit der Erledigung rechnen können. Kann Michaela den Termin nicht halten, dann informiert sie darüber. ◄

Durch ihr Verhalten sendet Michaela das klare Signal, dass sie sich verbindlich um Besprochenes kümmert. Damit deckt sie einen wichtigen Bestandteil guten Zuhörens ab. Dieses Vorgehen wird mit hoher Wahrscheinlichkeit noch andere positive Effekte haben: über die Vorbildwirkung beeinflusst Michaela die Verbindlichkeit in ihrem Team. Michaela fungiert quasi als Modell für ihr Team. Andersherum betrachtet: Wenn Michaela sich um Vereinbartes nicht kümmert, dann wird sie kaum von ihren Mitarbeitenden Verbindlichkeit einfordern können.

Nicht zuletzt durch die Corona-Pandemie hat ortsverteilte Führung an Relevanz gewonnen. Viele Unternehmen setzen verstärkt auf die Nutzung von Homeoffice. Es wird zur Normalität, dass an einem bestimmten Arbeitstag nur ein kleiner Teil des Teams zusammen an einem Ort arbeitet. Wir gehen auf dieses Thema in Kap. 4 noch genauer ein, möchten jedoch bereits an dieser Stelle darauf hinweisen, dass aus unserer Sicht die gemeinsame Zeit in Präsenz durch die genannte Entwicklung an Bedeutung gewinnt. Bei geringer Quantität an gemeinsamer Präsenzzeit sollte die Qualität umso besser sein.

▶ **Tipp** Gerade wenn Sie als Führungskraft nicht jeden Tag mit Ihren Mitarbeitenden an einem Ort arbeiten (z. B. aufgrund von Terminen bei Kunden oder Lieferanten, durch Meetings und Konferenzen oder bei Nutzung von Homeoffice), ist es umso wichtiger, dass Sie sich Zeit für Ihre Mitarbeitenden nehmen, wenn Sie gemeinsam an einem Ort sind. Verschwinden Sie nicht hinter Ihrem Notebook, sondern suchen Sie den Kontakt zu Ihren Mitarbeitenden!

Gutes Zuhören braucht Gelegenheiten und gute Rahmenbedingungen. Wenn Ihr Terminkalender von externen Verpflichtungen überquillt, dann fehlen die Räume für gutes Zuhören. Wenn Sie sich in einem Gespräch gedanklich mit anderen Arbeitsvorgängen beschäftigen, dann werden Sie nicht als guter Zuhörer wahrgenommen werden.

▷ **Tipp** Womöglich haben Sie Mitarbeitende, die auf regelmäßige Abstimmungen eher ablehnend reagieren: „Wenn ich etwas habe, dann melde ich mich schon bei dir…". Von dieser Praxis raten wir ab. Für die Gestaltung einer vertrauensvollen Beziehung sind aus unserer Sicht regelmäßige Gespräche mindestens hilfreich, wenn nicht sogar unverzichtbar. Diese Abstimmungstermine zu diversen Punkten sollten mindestens monatlich mit jedem Teammitglied stattfinden, besser wöchentlich oder alle 14 Tage. Ihre Teammitglieder können nicht unmittelbar dringende Punkte für diese Termine sammeln, Sie können den Bearbeitungsstand bei langfristigen Aufgaben reflektieren und haben vor allem eine gute Gelegenheit Fragen zu stellen: Wie geht es dir? Wie kommst du mit deinen Aufgaben zurecht? Bei welchen Themen benötigst du meine Unterstützung?

Als Führungskraft ist es wichtig das Gewähren von Autonomie nicht mit Laissez-Faire zu verwechseln. Mitarbeitenden Freiräume zu ermöglichen (z. B. bei der Gestaltung ihrer Arbeitstage, bei der Auswahl von Arbeitsmitteln und Wegen zum Ziel) hat vielfältige positive Effekte und ist wichtiger Teil effektiven Führungsverhaltens. Im Austausch zu sein, Interesse zu haben, Feedback zu geben, gemeinsam Lösungen zu entwickeln etc. bleibt allerdings weiter wichtig. Nur in Notfällen in Kontakt zu sein, ist sicher zu wenig.

Fragen zur Reflexion der persönlichen Rahmenbedingungen für die Gestaltung guten Zuhörens

- Wenn Sie einen typischen Arbeitstag betrachten: Welche Faktoren begünstigen, welche behindern gutes Zuhören?
- Welche der Faktoren können Sie beeinflussen?
- Wie könnte eine kleine Verbesserung aussehen?
- Was gehen Sie konkret an?

3.2 Gutes Zuhören in typischen Gesprächssituationen praktizieren

In diesem Abschnitt gehen wir genauer auf einige Gesprächssituationen ein, die sicher jede Führungskraft in ihrem Alltag erlebt. Während manche Gesprächsarten nahezu täglich im Kalender stehen dürften (z. B. regelmäßige Gespräche zu diversen Punkten mit den Mitarbeitenden im Team), kommen andere seltener vor (z. B. Entwicklungsgespräche). Wir beschreiben jeweils, was wir unter dem Gesprächsanlass verstehen und bieten eine Reihe von Beispielfragen an, die in solchen Gesprächen genutzt werden können. Mit den bewusst sehr offen gestalteten Fragen sollen die Mitarbeitenden dazu eingeladen werden ihre Gedanken offen zu teilen. So entsteht ein Raum für gutes Zuhören. Dabei geht es weniger um die konkrete Frage, sondern mehr um die Haltung dahinter: Habe ich als Führungskraft ernsthaftes Interesse daran, was mir meine Mitarbeitenden sagen? Möchte ich ihre Perspektive verstehen? (Tab. 3.2)

Jeden Tag gibt es für Führungskräfte zahlreiche Gesprächssituationen, in denen es sich lohnt den Gesprächspartnern Aufmerksamkeit zu schenken und das Gesagte mit Interesse aufzunehmen. Die offenen Fragen sind dabei quasi der Aufschlag um gut zuhören zu können. Wer sich dann noch wichtige Punkte notiert, wird es im Nachgang leichter mit der Nachbereitung haben. Diese Punkte mögen trivial erscheinen – in der Praxis gibt es häufig Spielraum für Verbesserungen. Immer wieder wird beispielsweise in der Praxis kritisiert, dass Führungskräfte in Gesprächen einen zu hohen Redeanteil hätten. Die vorgeschlagenen Fragen helfen dabei, um gegenzusteuern.

Offene Fragen stellen, den Gesprächspartnern die volle Aufmerksamkeit schenken, sich Notizen machen, die eigenen To-dos im Nachgang verbindlich abarbeiten: diese einfachen Prinzipien können auch für Meetings in größerer Runde genutzt werden. Nachfolgend bieten wir Ihnen noch einige Fragen an, um Ihr Kommunikationsverhalten in Meetings zu reflektieren.

Fragen zur Reflexion des eigenen Kommunikationsverhaltens in Meetings

- Wie stark hören Sie zu und wie viel erzählen Sie?
- Wie gut knüpfen Sie an die Beiträge von anderen an und führen diese weiter?
- Wie substantiell sind Ihre Beiträge?
- Kommen Sie hin und wieder ins Reden und finden dann keinen Punkt?
- Wie prägnant bringen Sie Ihre Gedanken ein?

Unserer Selbstreflexion sind Grenzen gesetzt. Jede und jeder von uns hat blinde Flecken. Wir mögen unsere Beiträge in Meetings für bahnbrechend halten, während das unsere Gesprächspartner anders einschätzen. Wir glauben vielleicht, dass wir an Gesagtes gut anknüpfen, während unsere Gesprächspartner den Eindruck haben, dass wir von Thema zu Thema springen. Umso wichtiger ist es, dass wir uns Feedback von unseren Gesprächspartnern einholen. Unter 3.3 gehen wir darauf näher ein.

Tab. 3.2 Anregungen für gutes Zuhören in typischen Gesprächssituationen

Gesprächsanlass	Beschreibung	Beispielfragen
Regelmäßige Gespräche zu diversen Punkten mit den Mitarbeitenden im Team	• Beispielsweise ein wöchentlicher Gesprächstermin von einer halben Stunde • Mitarbeitende und Führungskraft bringen jeweils diverse Punkte mit ins Gespräch • Inhaltlich kann es um Entscheidungen, um den aktuellen Stand von Aufgaben und Projekten, um Anliegen der Mitarbeitenden oder um die aktuelle Arbeitssituation gehen	• Wie möchtest du bei dieser Aufgabe vorgehen? • Wie würdest du entscheiden? • Welche Entscheidungsalternativen siehst du? • Wie bist du bei dieser Aufgabe vorangekommen? • Wie erlebst du im Moment deine Arbeitsauslastung? • Wie kommst du mit deinen Aufgaben zurecht? • Bei welchen Themen benötigst du meine Unterstützung?
Jahresgespräch (wird häufig auch als Mitarbeiter- oder Personalgespräch bezeichnet)	• Formales Gespräch zwischen Führungskraft und Mitarbeitenden • Häufig im letzten Quartal eines Jahres • Auch in anderen Zyklen möglich (z. B. halbjährlich)	• Wie zufrieden bist du mit deinen Aufgaben? • Welche Veränderungen wünschst du dir bei deinen Aufgaben? • Wie fühlst du dich im Team? • Wie können wir die Zusammenarbeit im Team noch verbessern? • Wie erlebst du unsere Zusammenarbeit? • Was können wir in unserer Zusammenarbeit noch verbessern? • Wie zufrieden bist du mit den Arbeitsbedingungen? • Welche Verbesserungen wünschst du dir bei den Arbeitsbedingungen? • Was ist dir in den letzten Monaten gut gelungen? • An welchen Verbesserungen möchtest du arbeiten? • Was sind deine Ziele für das kommende Jahr?

(Fortsetzung)

Tab. 3.2 (Fortsetzung)

Gesprächsanlass	Beschreibung	Beispielfragen
Feedbackgespräche	• Feedback von den Mitarbeitenden an die Führungskraft und umgekehrt • Bezogen auf die Qualität der Zusammenarbeit oder auf konkrete Arbeitsinhalte • Als Teil von Gesprächen zu diversen Punkten, als separater und terminierter Gesprächsanlass oder spontan im Tagesablauf	• Wie hast du unsere Zusammenarbeit bei dieser Aufgabe erlebt? • Wie könnte ich dich noch besser unterstützen? • Was hast du bei diesem Projekt gelernt? • Welche Ursachen siehst du für die zeitliche Verzögerung bei dieser Aufgabe? • Wie kann es dir gelingen den Zeitplan noch einzuhalten? • Was würdest du bei zukünftigen Aufgaben anders machen?
Gespräche zur Ideenentwicklung	• Als Brainstorming zur Lösung eines bestimmten Problems • Als Teil von Gesprächen zu diversen Punkten oder in Meetings zu einer bestimmten Aufgabe oder zu einem Projekt	• Was haben wir in der Vergangenheit schon probiert? • Was davon war erfolgreich und was nicht? • Welche verschiedenen Lösungsansätze fallen uns ein? • Wie würde ein anderes Team das Thema angehen?

(Fortsetzung)

Tab. 3.2 (Fortsetzung)

Gesprächsanlass	Beschreibung	Beispielfragen
Entwicklungsgespräche	• Als Teil jährlicher Personalgespräche oder als separater Termin • Initiiert durch Mitarbeitende oder die Führungskraft • Verbunden mit größerem Zeitbedarf • In der Regel ein Gesprächsprozess aus mehreren Gesprächen und Aufgaben, die dazwischen von beiden Seiten erledigt werden müssen	• Welche deiner Talente möchtest du gerne noch stärker bei der Arbeit einbringen? • Welche neuen Aufgaben würdest du gerne anpacken? Weshalb? • Weshalb möchtest du gerne Führungskraft, Expertin, Projektleiter etc. werden? • Welche Hinweise gibt es in deiner Biografie, dass du für diese Funktion die Voraussetzungen mitbringst? • Weshalb könnte dir diese Funktion Freude bereiten? • Welche Hinweise gibt es aus dem privaten Bereich, dass diese Funktion gut zu dir passen könnte? • Wie können wir herausfinden, ob du für diese Funktion geeignet bist? • Wie sieht unser weiterer Fahrplan aus?
Bindungsgespräche	• In der Regel von der Führungskraft initiiert, wenn es Anzeichen für nachlassende Bindung bei Mitarbeitenden gibt (z. B. Unzufriedenheit wird geäußert, Engagement lässt nach, weniger Bereitschaft langfristige Aufgaben zu übernehmen) • In Besprechungen zu diversen Punkten oder Jahresgespräche integrierbar	• Auf einer Skala von 1 bis 10: Wie zufrieden bist du aktuell mit deiner Arbeit? • Auf einer Skala von 1 bis 10: Wie stark kannst du dir vorstellen langfristig bei uns zu bleiben? • Auf einer Skala von 1 bis 10: Wie stark fühlst du dich im Moment an unser Unternehmen gebunden? • Was müsste passieren, damit du dich auf der Skala um eine Stufe verbesserst? • Wie gerne kommst du aktuell zur Arbeit? • Was müsste ich als Führungskraft angehen, um dich langfristig bei uns zu halten?

▷ **Tipp** Nehmen Sie sich doch einmal vor, sich in einem Meeting bewusst zurückzuhalten und sich auf gutes Zuhören und die Beobachtung des Geschehens zu konzentrieren. Was nehmen Sie wahr?

3.3 Feedback einholen

In Kap. 1 haben wir herausgearbeitet, dass Selbst- und Fremdbild beim Zuhören weit auseinanderliegen können. Diese Feststellung gilt natürlich nicht nur für gutes Zuhören, sondern auch für andere Führungsthemen. Umso wichtiger ist es als Führungskraft ehrliches Feedback zu bekommen. Doch von wem und wie kann ich Feedback einholen?

Übersicht möglicher Feedbackquellen:
- Stellvertretung
- Mitarbeitende des eigenen Verantwortungsbereichs
- Mitarbeitende aus anderen Bereichen
- Führungskräfte auf gleicher oder ähnlicher Hierarchieebene
- Direkte Führungskraft
- Andere Führungskräfte höherer Hierarchieebenen
- Externe Gesprächspartner

In der Praxis wird oft nur ein kleiner Teil der vielfältigen Feedbackmöglichkeiten genutzt. Jeden Tag sind wir mit unterschiedlichen Gesprächspartnern im Austausch, die uns mit wertvollem Feedback versorgen können. Egal ob in einem Gespräch zu zweit oder in einem größeren Meeting, ständig werden wir von anderen mit unserem Verhalten wahrgenommen. Es ist doch schade, wenn wir diese Chancen nicht nutzen.

Doch wie können wir das Thema Feedback konkret ansprechen? Nachfolgend schlagen wir einige Fragen vor, die je nach Zielgruppe ausgewählt und angepasst werden können. Solche Fragen lassen sich geschickt am Ende eines Gesprächs einflechten.

Fragen für das Einholen von Feedback:

- Als wie hilfreich hast du unser Gespräch erlebt?
- Hast du alle Themen ansprechen können, die dir wichtig waren?
- Ich habe in unserem Gespräch die folgenden Punkte notiert … Was habe ich womöglich überhört?
- Welche deiner Erwartungen an unser Gespräch wurden erfüllt? Welche wurden enttäuscht?
- Welche Punkte aus unserem letzten Gespräch sind noch offen? Ist noch etwas offen, was ich erledigen wollte?
- Wie nachvollziehbar ist für dich meine Entscheidung bei diesem Thema?
- Wie gut kannst du nachvollziehen, weshalb ich dein Anliegen abgelehnt habe?
- Wie zufrieden bist du mit dem, was wir in unserem Gespräch jetzt erarbeitet haben?
- Du hast mich jetzt in diesem Meeting erlebt. Was kann ich aus deiner Sicht in solchen Meetings besser machen?
- Du hast mich jetzt in diesem Kundengespräch erlebt. Wie gut habe ich dem Kunden aus deiner Sicht zugehört? Was habe ich verpasst? Welche Signale übersehen?

Die Fragen beziehen sich auf unterschiedliche Aspekte, die dafür relevant sind, ob wir als gute Zuhörer wahrgenommen werden (Kriz et al., 2021b). Wie in Kap. 1 dargestellt geht es um mehr, als um das Zeigen von Interesse oder das Stellen offener Fragen, sondern beispielsweise auch um die Qualität der Begründung bei der Ablehnung von Anliegen (Kriz et al., 2021b). Einige unserer Gesprächspartner sind aufgrund ihrer Rolle besonders gut geeignet, uns Feedback zu geben. An erster Stelle gehört dazu ein Stellvertreter oder eine Stellvertreterin. Fordern Sie Ihre Stellvertretung immer wieder dazu auf Ihnen direktes und ehrliches Feedback zu geben. Interessant ist vor allem Feedback, das Ihnen neue Informationen liefert. Es bringt Sie nicht weiter, wenn Sie vor allem nach bestätigendem Feedback suchen und sich beispielsweise mit ihrer Stellvertreterin in Ausführungen ergehen, dass Sie sich gar nicht anders hätten verhalten können, dass Sie doch alles richtig machen, und dass bei Problemen die anderen schuld sind. Sie sind bestimmt eine ganz tolle Führungskraft ;-) Ehrliches Feedback hilft Ihnen dabei noch etwas besser zu werden.

▶ **Tipp** Suchen Sie sich am besten gleich für morgen einen Gesprächspartner aus, von dem Sie sich hilfreiches Feedback erwarten. Notieren Sie sich eine der Fragen, die gut zu Ihnen passt und nehmen Sie die Frage mit ins Gespräch. Es mag Sie überraschen, vielleicht auch ärgern oder gar kränken, wenn Selbst- und Fremdbild auseinanderklaffen und Sie den Spiegel vorgehalten bekommen. Ehrliches und konstruktives Feedback ist eines der größten Geschenke. Gehen Sie wertvoll mit diesem Geschenk um!

In der Praxis ist es schwer dieses Geschenk anzunehmen und für sich zu nutzen. Kritisches Feedback bedroht unseren Selbstwert. Wir alle wollen unseren Selbstwert schützen und ausbauen (Semmer et al., 2019). Deshalb ist es naheliegend, dass wir kritisches Feedback nicht an uns heranlassen und uns vor allem auf positives Feedback konzentrieren. Wie allerdings wollen wir uns so weiterentwickeln? Wer sich als Führungskraft verbessern möchte, braucht kritisches Feedback, das blinde Flecken ausleuchtet und Fehler benennt.

▶ **Tipp** Wenn Sie merken, dass kritisches Feedback negative Emotionen bei Ihnen auslöst und Sie das Feedback bei Seite schieben, dann greifen Sie das Feedback mit etwas mehr Distanz wieder auf. Notieren Sie sich das Feedback und nehmen Sie es in einer ruhigen Minute einige Tage später wieder her. Stellen Sie sich dann folgende Fragen: Was steckt in diesem Feedback Wertvolles für mich drin? Was lerne ich daraus für ähnliche Situationen?

Womöglich finden Sie zunächst keinen Gesprächspartner, der oder die sich traut, Ihnen ehrliches Feedback zu geben. Das kann verschiedene Gründe haben. Ihre eigene Führungskraft und Ihre Kolleginnen und Kollegen möchten Sie nicht kränken oder vielleicht haben Sie sich auch den Ruf erarbeitet auf Feedback ablehnend zu reagieren. Geben Sie nicht auf! Selbstbewusste, langjährige Mitarbeitende mit starker Stellung im Team sind wahrscheinlich am ehesten bereit Ihnen Feedback zu geben. Als Einstieg könnten Sie selbstkritisch einen konkreten Punkt ansprechen und so zu mehr Feedback einladen: „Bei der letzten Teambesprechung hatte ich den Eindruck, dass ich zu viel gesprochen und einige Anliegen aus dem Team nicht aufgegriffen habe. Ich möchte gerne an mir arbeiten. Wie hast du das wahrgenommen?"

Auch kritische Selbstreflexion nach Gesprächen kann hilfreich für unsere Entwicklung sein. Führen wir uns vor Augen, dass es im Kern darum geht, dass unsere Gesprächspartner unser ehrliches Interesse an ihren Themen und an der Person spüren; eine angenehme Gesprächsatmosphäre erleben, so dass sie sich öffnen können; dass sich unsere Gesprächspartner mit ihren Gefühlen verstanden fühlen und wahrnehmen, dass wir uns kümmern (z. B. Lloyd et al., 2015). Hierzu geben wir nachfolgend einige Anregungen.

Fragen zur kritischen Selbstreflexion nach Gesprächen

- Wie klar ist mir, was mein Gesprächspartner im Gespräch von mir wollte?
- Welche Interessen und Bedürfnisse habe ich im Gespräch wahrgenommen?
- Welche Erwartungen sind bei mir angekommen?
- Wie hat sich mein Gesprächspartner gefühlt?
- Wie klar sind die Vereinbarungen, die wir getroffen haben?
- Bei welchen Punkten bin ich möglicherweise vage und unverbindlich geblieben?

Wenn Ihnen zu diesen Fragen wenig einfällt, dann war Ihr Gesprächsanteil möglicherweise zu hoch und Ihre Antennen nicht gut genug auf Empfang ausgerichtet. „Es wird ganz schön viel von mir als Führungskraft erwartet. Auf was ich alles achten soll. Ich fühle mich überfordert." Es wäre völlig normal, falls Ihnen solche Gedanken beim Lesen durch den Kopf gingen. Bitte versuchen Sie nicht, zu viel auf einmal verändern zu wollen. Vieles wird Ihnen heute schon gut gelingen. Nehmen Sie die guten Ansätze bei sich selbst wahr und bauen Sie sie aus. Sie arbeiten damit an einer der wichtigsten Führungskompetenzen. Führen bedeutet vor allem kommunizieren. Und der wichtigste Teil guter Kommunikation ist Zuhören.

Beispiel: kontinuierlich an sich selbst arbeiten

Michaela hat es sich mittlerweile zur Gewohnheit gemacht ihr Verhalten in Gesprächen danach kurz zu reflektieren: Wie viel Raum habe ich meinem Gesprächspartner gegeben? Was habe ich alles erfahren? Wie partizipativ habe ich das Gespräch gestaltet? Michaela konzentriert sich auf diese Fragen, weil sie immer wieder bei sich beobachtet hat, dass ihr Gesprächsanteil sehr hoch sein kann und dass sie gerne direktiv in Gesprächen agiert. In bestimmten Situationen erlebt sie dieses Verhalten als zielführend, in anderen jedoch nicht. Sie möchte ihr Verhaltensrepertoire erweitern. ◄

Im Beispiel klingt auch an, dass die meisten unserer Verhaltensweisen in bestimmten Kontexten sinnvoll sein können. Das bedeutet, dass es in bestimmten Situationen sinnvoll ist, als Führungskraft direktiv eine Entscheidung zu treffen und zu kontrollieren, ob diese Entscheidung wie gewünscht umgesetzt wird. In anderen Situationen wiederum ist es wichtig stark partizipativ zu agieren. Es gibt nur wenige Verhaltensweisen, die grundsätzlich schlecht sind (z. B. diskriminierendes oder beleidigendes Verhalten). Bei den meisten Verhaltensweisen geht es um die Frage, in welchem Kontext sie eine positive Wirkung entfalten und in welchem nicht. Mit diesem *essential* möchten wir Sie dazu einladen, Ihr Verhaltensrepertoire zu reflektieren und, wo sinnvoll, zu erweitern. Klar ist dabei: Als Führungskräfte werden wir in Zukunft immer mehr Situationen erleben, in denen gutes Zuhören das wirkungsvollste Führungsverhalten ist.

Wir haben bereits angesprochen, dass gutes Zuhören gerade in der heutigen Arbeitswelt noch einmal wichtiger wird. Je ortsverteilter und zeitlich flexibler gearbeitet wird, umso wertvoller wird die gemeinsame Zeit. Im folgenden Kapitel gehen wir ausführlich darauf ein, wie gutes Zuhören im Homeoffice und in Online-Meetings gelingen kann.

Wie gutes Zuhören im Homeoffice und in Online-Meetings gelingen kann

Während der Corona-Pandemie wurde das Homeoffice, dort wo es möglich ist, zum Standard. In vielen Unternehmen wurden unter Hochdruck die technischen Voraussetzungen geschaffen und manche Bedenken über Bord geworfen. Über Monate hinweg wurde in vielen Unternehmen nur im Homeoffice gearbeitet. Doch wie geht es nun weiter? Wie gehen wir in Zukunft mit Homeoffice um? Wie sieht unser *New Normal* aus? Diese Fragen waren plötzlich in vielen Unternehmen weit oben auf der Agenda. Für viele war klar: Das Rad lässt sich nicht zurückdrehen. Homeoffice wurde für viele Beschäftigte zum New Normal. Ob eine bestimmte Anzahl an Tagen pro Woche oder maximale Flexibilität: Je nach Organisation wurden und werden unterschiedliche Modelle gelebt und weiterentwickelt.

Dabei soll nicht unerwähnt bleiben, dass manche Unternehmen sich für einen Verzicht auf Homeoffice entschieden haben. Auch dafür gibt es gute Gründe (z. B. die Sorge vor höherer Fluktuation aufgrund geringerer Bindung ans Team oder ein befürchteter Rückgang an informellen Gesprächen, die für den Arbeitserfolg wichtig sein können). Unterm Strich zeigt ein Blick in aktuelle Befragungen unter Verantwortlichen in Unternehmen, dass Homeoffice heute eine größere Rolle spielt als vor der Pandemie.

Bezogen auf unser Thema ist diese Entwicklung in zweierlei Hinsicht spannend. Zum einen ist es aus unserer Sicht sehr wichtig, dass das New Normal in Unternehmen mit allen Beteiligten gut ausgehandelt wird. Ohne gutes Zuhören werden solche Aushandlungsprozesse nicht gelingen. Es reicht nicht aus, dass eine Unternehmensleitung vorgibt, dass beispielsweise zwei Tage Homeoffice in der Woche möglich sind. Ein solcher Rahmen ist hilfreich. Es geht jedoch nicht ohne Aushandlungs- und Klärungsprozesse in den kleinsten Einheiten: in den Teams.

© Der/die Autor(en), exklusiv lizenziert an Springer-Verlag GmbH, DE, ein Teil von Springer Nature 2022
A. Häfner und S. Hofmann, *Zuhören für Führungskräfte,* essentials,
https://doi.org/10.1007/978-3-662-66725-5_4

Beispiel: unterschiedliche Bedürfnisse in einem Team beim Thema Homeoffice

Michaela möchte auch nach der Pandemie Homeoffice in ihrem Team ermöglichen. Deshalb hat sie mit allen Mitarbeitenden Gespräche geführt und sich nach den individuellen Bedürfnissen und Perspektiven erkundigt. Sie hat viele Fragen gestellt und vor allem zugehört. Dabei hat sie interessante Erkenntnisse gewonnen: Manche möchten am liebsten im Büro gemeinsam mit ihren Kolleginnen und Kollegen arbeiten, die Arbeit im Homeoffice finden sie aus den unterschiedlichsten Gründen wenig attraktiv; andere können sich vorstellen nur noch oder zumindest überwiegend im Homeoffice zu arbeiten; wieder andere liegen irgendwo dazwischen. In den Gesprächen hört Michaela ganz unterschiedliche Aspekte, die den Teammitgliedern wichtig sind: im Homeoffice konzentriert arbeiten können, das Einsparen von Kosten und Fahrtzeit, der Wunsch nach persönlichen Kontakten mit den Kolleginnen und Kollegen, die Sorge bei Präsenz im Büro mehr Aufgaben übernehmen zu müssen, Bedenken im Homeoffice viel von dem zu verpassen, was im Team passiert, der Wunsch nach einer möglichst klaren Trennung zwischen der Arbeit im Büro und dem Privatleben in der eigenen Wohnung … ◄

Die stärkere Nutzung von Homeoffice war und ist für viele Unternehmen und deren Beschäftigte eine massive Veränderung. Solche Veränderungen gelingen besser mit Führungskräften, die gut zuhören können. Michaela hat in den Gesprächen viel darüber erfahren, was ihren Mitarbeitenden wichtig ist und wie sie das Thema sehen.

Zum anderen geht es bei der Nutzung von Homeoffice um die spannende Frage, wie Führungskräfte mit ihren Mitarbeitenden, aber auch Kolleginnen und Kollegen untereinander, gut im Austausch sein können, wenn die tägliche Begegnung am Arbeitsplatz, auf dem Gang, in der Küche oder im Betriebsrestaurant wegfällt. Wie bleiben wir gut miteinander in Kontakt? Was verstehen wir eigentlich unter *gutem Kontakt?* Was ist den einzelnen Teammitgliedern dabei wichtig? In Abschn. 4.1 beschäftigen wir uns damit, wie Gelegenheiten für gutes Zuhören unter Homeoffice-Bedingungen geschaffen werden können.

Eng mit der Nutzung von Homeoffice verzahnt sind Online-Meetings. Online-Meetings haben in vielen Unternehmen deutlich zugenommen. Wie kann es in Online-Meetings gelingen, dass ein Raum für gutes Zuhören entsteht? Gerade in einem Format, in dem Ablenkungen sehr wahrscheinlich sind, z. B. durch eingehende E-Mails oder Störungen im häuslichen Umfeld. Unter 4.2 schlagen wir Regeln für Online-Meetings vor, die gutes Zuhören erleichtern sollen.

4.1 Kontaktmanagement unter Homeoffice-Bedingungen

Wenn alle Teammitglieder gemeinsam an einem Standort arbeiten, dann erleichtert das den persönlichen Kontakt und schafft damit Möglichkeiten für gutes Zuhören. Dies gilt sowohl untereinander im Team, als auch für den Kontakt mit der Führungskraft. In Tab. 3.1 sind wir auf Gelegenheiten eingegangen, die für gutes Zuhören genutzt werden können (z. B. eine „Guten Morgen"-Runde oder spontane Begegnungen in der Kaffeeküche oder auf dem Gang). Geht eine Führungskraft durch die Büros und interessiert sie sich ernsthaft für ihre Kolleginnen und Kollegen, so werden automatisch Gespräche entstehen: „Kannst du mir kurz helfen?", „Hast du fünf Minuten für mich?". Führungskräfte, die Runden durch ihr Team machen, werden solche Sätze kennen. Sie sind eine hervorragende Einladung für gutes Zuhören. Das setzt natürlich voraus, dass Führungskräfte den Kontakt suchen, beziehungsweise anbieten.

Kolleginnen und Kollegen, die sich ein Büro teilen, können Themen quasi über den Schreibtisch hinweg klären und werden sich zwangsläufig aufgrund der räumlichen Nähe mehr zuhören. Es entstehen spontane Gespräche zu beruflichen und privaten Themen. Arbeiten Teammitglieder an unterschiedlichen Orten, ist der Kontakt und damit auch die Möglichkeit für gutes Zuhören erschwert. Wie können wir als Führungskräfte damit umgehen?

> ▷ **Tipp** Nutzen Sie die aktuelle Suche nach dem New Normal für einen offenen Gesprächsprozess im Team. Die gravierenden Veränderungen, die weiterhin anhalten, sind eine hervorragende Gelegenheit für gutes Zuhören. Es ist wahrscheinlich, dass sich das New Normal nicht einmal final definieren lässt, sondern, dass immer wieder Klärungen und Neujustierungen notwendig werden. Überlegen Sie sich, wann und in welchem Rahmen Sie das Thema aufgreifen (z. B. 1 × jährlich in einem Team-Meeting).

Das kann ganz konkret bedeuten, dass Sie sich mit Ihrem Team zwei Stunden oder einen halben Tag Zeit nehmen, um über verschiedene Anliegen rund um das Thema zu sprechen, die unterschiedlichen Bedürfnisse transparent zu machen und Vereinbarungen miteinander zu treffen. Nachfolgend bieten wir einige Fragen an, die als Leitfaden für einen solchen Austausch im Team genutzt werden können. Wir empfehlen den Teammitgliedern diese Fragen bereits zur Vorbereitung an die Hand zu geben.

Fragen zur Klärung der Nutzung von Homeoffice in einem Team (mit besonderem Fokus auf der Gestaltung guter Kontakte):

- Wie erlebst du die aktuelle Homeoffice-Situation?
- Was findest du gut an der Nutzung von Homeoffice?
- Welche Nachteile siehst du?
- Welche Sorgen und Befürchtungen hast du?
- In welchem Umfang und mit welcher Verteilung möchtest du gerne im Homeoffice arbeiten?
- Wie viel gemeinsame Zeit in Präsenz ist dir persönlich wichtig?
- Was hast du für Ideen, wie ein guter Kontakt im Team unter den neuen Bedingungen gelingen kann?
- Was müssen wir bei der Festlegung unserer Regeln alles beachten?

Im Meeting erhält jedes Teammitglied die Möglichkeit seine Perspektive einzubringen. Die anderen Teammitglieder dürfen Fragen dazu stellen. Eine sehr gute Gelegenheit, um gutes Zuhören im Team zu üben. Es ist wichtig, dass Sie sich als Führungskraft ebenfalls gut vorbereiten und ihre Sichtweise einbringen. Womöglich gibt es Rahmenbedingungen, die durch die Firmenleitung oder durch Sie als Führungskraft vorgegeben sind. Solche Punkte müssen erläutert und begründet werden.

Beispiel: die Nutzung von Homeoffice in einem Team klären

Michaela hat sich überlegt, dass es ihr wichtig ist, dass alle Teammitglieder pro Woche zwei Präsenztage im Büro haben. Weniger Präsenztage kann sie sich nur aus besonderen Gründen vorstellen (z. B. mehr als eine Stunde Anfahrtszeit, zu pflegende Angehörige oder kleine Kinder im Haushalt, gesundheitliche Gründe). Ansonsten sind ihr zwei Tage in Präsenz wichtig, damit Auszubildende, Praktikanten und neue Kolleginnen und Kollegen in Präsenz eingearbeitet werden können und informelle, spontane Gespräche entstehen. Sie ist davon überzeugt, dass die Mitarbeiterbindung durch gemeinsame Zeit in Präsenz gefördert wird. Für Michaela sind weitere Bedingungen wichtig: Eine Person muss immer als Ansprechpartner für Teammitglieder in der Einarbeitungsphase vor Ort sein, an einem gemeinsamen Tag pro Woche sollten alle anwesend sein, im Zweifel haben betriebliche Belange Vorrang und sind ausschlaggebend für die Wahl des Arbeitsortes. Michaela stellt ihre Überlegungen ausführlich dar. Auch alle anderen Teammitglieder können ihre Sichtweise umfassend einbringen und begründen. Durch gutes Zuhören wächst das gegenseitige Verständnis und am Ende können Regeln ausgehandelt werden, die für alle akzeptabel sind. Den Teammitgliedern war untereinander gar nicht bewusst, was den anderen Teammitgliedern wichtig ist und weshalb. So einigen sich die Teammitglieder darauf, dass sie in der Regel drei Tage in Präsenz im Büro sein werden, dass allerdings gelegentlich auch drei Tage im Homeoffice möglich sind. Der Mittwoch wird als Team-Tag definiert, an dem alle im Büro sind. Die monatliche Teambesprechung wird auf den Team-Tag gelegt. Am Team-Tag halten sich auch alle die Mittagspause für ein gemeinsames Mittagessen mit dem Team frei. Durch gutes Zuhören und einen partizipativen Aushandlungsprozess hat Michaelas Team die Basis dafür gelegt, dass die Kontakte innerhalb des Teams auch unter Homeoffice-Bedingungen gepflegt werden können. ◀

Bei allen Vorteilen, die die Nutzung von Homeoffice für Beschäftigte, Arbeitgeber und die Gesellschaft bringt (z. B. Einsparen von Wegezeiten und Fahrtkosten, geringerer Bedarf an Büroflächen, geringere Schadstoffemissionen, weniger Staus), darf die soziale Funktion von Arbeit nicht aus dem Blick geraten. Wir Menschen sind soziale Wesen und insbesondere unsere Arbeit erfüllt eine soziale Funktion. Es geht um das Erleben von Wertschätzung, um das Gefühl von Zugehörigkeit, um soziale Unterstützung in schwierigen Situationen. Würden alle nur im Homeoffice vor sich hinarbeiten und ihre Kontakte auf das, für die Erledigung der Aufgaben, unbedingt notwendige Maß beschränken, dann ginge viel von dem verloren, was Arbeiten an Funktionen in unserem Leben erfüllen kann.

Aus der Sicht von Arbeitgebern ist es wichtig, dass die Mitarbeitenden gut in ihre Teams und ins Unternehmen integriert sind. Das trägt wesentlich zur Mitarbeiterbindung bei. Gleichzeitig sind gute soziale Beziehungen bei der Arbeit eine wichtige Ressource für die Gesundheit der Beschäftigten. Es ist also im besonderen Interesse aller Beteiligten, dass auch unter Homeoffice-Bedingungen gute Kontakte gepflegt werden können, was gutes Zuhören, als wichtige Zutat, beinhaltet. Für uns Führungskräfte bedeutet das, dass wir gemeinsam mit unserem Team erarbeiten müssen, wie es unter den Bedingungen des New Normal gelingen kann, dass wir einander weiter zuhören können.

Übersicht zu möglichen Beiträgen von Führungskräften für die Gestaltung guter Kontakte

- Darauf achten, dass es für alle Teammitglieder gemeinsame Präsenzzeit mit der Führungskraft gibt (z. B. 1 × pro Woche oder 1 × alle 2 Wochen).
- Im Büro ganz gezielt den Kontakt zu den Teammitgliedern suchen (z. B. im Laufe eines Tages immer wieder einmal durch die Büros/durch die Werkshalle) gehen.
- Formate für persönliche Begegnungen initiieren und ritualisieren (z. B. gemeinsame Frühstückspausen oder Mittagessen).
- Positive, gemeinsame Erlebnisse schaffen (z. B. Teamausflüge).
- Sich immer wieder dafür interessieren, wie die Teammitglieder mit der Arbeit im Homeoffice zurechtkommen.
- Wertschätzend mit unterschiedlichen Bedürfnissen rund um das Thema Homeoffice umgehen.
- Alle Teammitglieder im Blick behalten: nicht nur denen Anerkennung aussprechen, die mit einem im Büro sitzen, nicht nur die um ihre Meinung bitten, die einem in der Kaffeeküche begegnen, nicht nur denen neue Aufgaben übertragen, die im Nachbarbüro arbeiten etc.
- Sich auch unabhängig von vereinbarten Terminen bei den Teammitgliedern im Homeoffice melden und beispielsweise nach deren Befinden erkundigen.
- Sich in Besprechungen Zeit für Small Talk und Privates nehmen.

4.2 Regeln für Online-Meetings

Mal ganz ehrlich. Wem von uns ist das noch nicht passiert: Während Online-Meetings werden E-Mails bearbeitet, das Headset bei Seite gelegt, die Präsentation für das nächste Meeting vorbereitet oder die Gedanken driften ab zu den geplanten Aktivitäten am Feierabend. Irgendwie *passiert* das. Sie mögen nun einwenden, dass das auch in Präsenz-Meetings passiert. Damit haben Sie sicherlich recht. Die Meeting-Kultur hat auch in Präsenz gelitten, insbesondere durch die Nutzung von Smartphones, Tablets und Notebooks. Sicher gibt es auch Präsenzmeetings, in denen niemand oder kaum jemand zuhört, insbesondere wenn eine einzelne Person einen Sachverhalt über einen längeren Zeitraum erläutert. Bei kleineren Runden mit weniger als 10 Teilnehmenden scheint es jedoch so zu sein, dass die persönliche Präsenz für gewisse Hemmschwellen sorgt. Sich bei einem Präsenz-Meeting in kleiner Runde gedanklich auszuklinken und E-Mails zu bearbeiten, scheint uns doch unwahrscheinlicher zu sein, als im Online-Format. Und wirklich gar nichts mehr wahrzunehmen (z. B. durch das Weglegen des Headsets) dürfte in Präsenz-Formaten nicht möglich sein.

Beispiel: ineffektive und ineffiziente Online-Meetings

Michaela hat ein Online-Meeting mit mehreren Kolleginnen und Kollegen aus unterschiedlichen Unternehmensbereichen angesetzt. Sie präsentiert ein Thema und möchte darauf aufbauend mit den Kolleginnen und Kollegen diskutieren und schließlich Maßnahmen ableiten. Außer ihr selbst nutzt niemand seine Kamera, während ihrer Präsentation gibt es keine Kommentare und Fragen. Bei der anschließenden Diskussion melden sich die Kolleginnen und Kollegen zwar zu Wort, allerdings muss Michaela feststellen, dass viele Fragen gestellt oder Vorschläge gemacht werden, die sie in ihrem Vortrag bereits behandelt hat. Zwei Teilnehmende bringen sich überhaupt nicht ein. Mit der Qualität der Diskussion und der abgeleiteten Maßnahmen ist Michaela nicht zufrieden. Sie hat den Eindruck, dass kaum innovative Ideen entstanden sind. ◄

Mit Blick auf unsere langjährige Erfahrung mit Online-Meetings kristallisiert sich heraus: die Vorbereitung und Moderation von Online-Meetings ist anspruchsvoller als bei Präsenz-Meetings.

Übersicht möglicher Regeln für Online-Meetings
- Gut reflektieren, ob ein Meeting das richtige Format ist. Womöglich sind andere Formate für die Ziele und Inhalte besser geeignet (z. B. eine E-Mail, wenn lediglich leicht verständliche Informationen geteilt werden sollen).
- Nur Teilnehmende einladen, die wirklich gebraucht werden (z. B. um Substantielles beizutragen oder um eine finale Entscheidung treffen zu können). Weniger sind oft mehr!
- Für ein störungsfreies, häusliches Umfeld sorgen (z. B. Vereinbarungen mit der Familie treffen, die Haustürklingel ausschalten, das Radio abstellen).
- Alle Teilnehmenden haben ihre Kamera an.
- Wer gerade nicht spricht, schaltet sein Mikro stumm.

- Mehr Pausen einlegen, als bei Präsenz-Formaten (z. B. nach 60 min Besprechungszeit).
- Die Vorteile des Online-Formats nutzen (z. B. den Bildschirm teilen, Abstimmungs-Tools nutzen, gemeinsam am Whiteboard arbeiten).
- Pünktlich beginnen und enden.

Wenn Sie die Meetings, an denen Sie teilnehmen, mit den hier skizzierten Regeln abgleichen, dann werden Sie wahrscheinlich beim ein oder anderen Punkt noch Optimierungsbedarf feststellen. Bei Meetings, die Sie selbst leiten, können Sie im Rahmen der Einladung die Regeln, die sich direkt auf die Durchführung des Meetings beziehen, allen zur Verfügung stellen (z. B. „Bitte die Kamera nutzen."). Einige der Regeln für Online-Meetings sind auch für Präsenzformate relevant (z. B. die sorgfältige Definition des Teilnehmerkreises oder der pünktliche Beginn).

> **Tipp** Lassen Sie sich nicht entmutigen, wenn Sie nicht von Anfang an alle Gesprächsteilnehmer ins Boot bekommen. Auch wenn Sie darum bitten, dass alle ihre Kamera anmachen, werden das womöglich nicht alle tun. Wiederholen Sie diese Bitte im nächsten Meeting erneut. Sprechen Sie einzelne Personen direkt persönlich an. Unterschätzen Sie nicht, was Sie mit Penetranz erreichen können!

Es geht darum, die Mindestvoraussetzungen für gutes Zuhören zu schaffen. Wie wollen wir einander mit Aufmerksamkeit und Interesse zuhören, wenn wir gleichzeitig E-Mails bearbeiten? Wir Menschen sind nicht gut darin, mehrere anspruchsvolle Aufgaben gleichzeitig auszuführen. Mit hoher Wahrscheinlichkeit treten dadurch wechselseitige Störungen auf. Unsere Aufmerksamkeitskapazität reicht nicht aus, um beiden Aufgaben gerecht zu werden. Es ist sogar zu erwarten, dass ein im Hintergrund laufender Fernseher oder ein Radio unsere Qualitäten als Zuhörende negativ beeinflussen (Itzchakov et al., 2017). Wir mögen das subjektiv gar nicht wahrnehmen. Aber: Wir verpassen wichtige Informationen, durch Gestik und Mimik transportierte Signale gehen verloren, unsere Dialoge werden banal und wir bleiben mit den Gesprächsergebnissen unter unseren Möglichkeiten. Deshalb werben wir sehr dafür, Ablenkungen so zu minimieren, dass echtes Zuhören möglich wird.

Wie Organisationen so gestaltet werden, dass Zuhören begünstigt wird

5

In den bisherigen Kapiteln haben wir uns darauf konzentriert, wie Führungskräfte in ihrem Alltag im Umgang mit ihren Mitarbeitenden besser zuhören können. Wenn einzelne Führungskräfte in einer Organisation gutes Zuhören praktizieren, dann ist das für die betroffenen Führungskräfte und deren Teams sicherlich hilfreich. Als besonders vielversprechend erscheint es uns jedoch, wenn es gelingt, Organisationen so zu gestalten, dass gutes Zuhören zur Norm wird. Wenn die Gegebenheiten in einer Organisation einen sanften Druck auf die Organisationsmitglieder ausüben, sich untereinander gut zuzuhören. Wie können solche Rahmenbedingungen, beziehungsweise Voraussetzungen, geschaffen werden?

In Abschn. 5.1 skizzieren wir das Klima in einer zuhörenden Organisation und geben Anregungen, durch welche Strukturen und Mechanismen das Klima beeinflusst werden kann. In 5.2 nehmen wir die Arbeitsbedingungen von Führungskräften in den Blick. Wie die Führungskräfte ihren Arbeitsalltag erleben und wie es ihnen geht, ist für gutes Zuhören ganz entscheidend. Abschließend geben wir in 5.3 noch einige Hinweise, welche Inhalte in Trainings zur Förderung guten Zuhörens aufgegriffen werden können.

5.1 Das Klima in einer Organisation

„Bei uns kann jede und jeder sagen, was er oder sie denkt.", „Führungskräfte höherer Hierarchieebenen interessieren sich für die Meinung der Beschäftigten.", „Wir pflegen einen offenen und wertschätzenden Umgang miteinander." Inwieweit treffen diese Aussagen auf Ihr Unternehmen zu? Wie würden Sie das Klima in Ihrer Organisation einem Freund beschreiben?

© Der/die Autor(en), exklusiv lizenziert an Springer-Verlag GmbH, DE, ein Teil von Springer Nature 2022
A. Häfner und S. Hofmann, *Zuhören für Führungskräfte*, essentials, https://doi.org/10.1007/978-3-662-66725-5_5

Unter dem Klima in einer Organisation verstehen wir, wie die Organisationsmitglieder ihren Arbeitsalltag in der Organisation erleben und welche Einstellungen sie zu wichtigen Merkmalen ihrer Organisation haben:

- Nehmen Mitarbeitende ihre Arbeitsplätze als sicher wahr?
- Wie stark ist die Zusammenarbeit von Vertrauen und Wertschätzung geprägt?
- Wie gut können die Beschäftigten die Entscheidungen des oberen
  Managements nachvollziehen?
- Wie viel Autonomie erleben die Beschäftigten?

Das sind Beispiele für wichtige Merkmale, die das Klima in einer Organisation
prägen.

Wie das Klima erlebt wird, mag von der eigenen Rolle im Unternehmen
abhängen, von den Sichtweisen der Kolleginnen und Kollegen im Team, von
der eigenen Führungskraft, von den individuellen Erwartungen, bisherigen
Erfahrungen und vielem mehr. Zwischen Teams und Abteilungen sind Unter-
schiede in der Wahrnehmung wahrscheinlich und auch innerhalb einzelner
Einheiten. Dennoch gibt es geteilte Sichtweisen in einem Team und in einer
Organisation. Herrscht eher ein Klima der Offenheit für Neues oder eher eine
bewahrende Haltung? Eher ein Klima der Vertrautheit und Nähe oder eher etwas
mehr Distanz? Eher ein Klima des Vertrauens und der Freiheitsgrade oder eher
mehr Regeln und Kontrolle?

> **Tipp** Fragen Sie doch einmal Ihre Mitarbeitenden, wie sie das
> Klima im Unternehmen wahrnehmen. Möglicherweise gibt es
> interessante Gemeinsamkeiten und Unterschiede. Bitten Sie ein-
> mal Kolleginnen und Kollegen aus anderen Bereichen um deren
> Einschätzung. In anonymen Online-Befragungen können solche
> Sichtweisen gut als Wortwolken dargestellt werden, zum Bei-
> spiel die Antworten auf die Fragen: „Wie erlebst du das Klima in
> unserem Unternehmen?" oder „Wie gehen wir in unserem Unter-
> nehmen miteinander um?" Häufig genannte Begriffe werden in
> Wortwolken prominent dargestellt. Auf einen Blick wird trans-
> parent, welche Aspekte den Befragten mehrheitlich besonders
> wichtig sind.

Durch solche Befragungen, in persönlichen Gesprächen, durch Beobachtung oder
in Workshops kann herausgearbeitet werden, was das aktuelle Klima ausmacht.

Was kennzeichnet nun ein Klima des Zuhörens? Es geht um Interesse aneinander, um eine Kultur des Kümmerns, der Offenheit und auch der Neugierde (Kluger & Itzchakov, 2022):

- Ist es normal, etwas Neues lernen und zu neuen Erkenntnissen gelangen zu wollen?
- Wie offen werden Ideen geteilt?
- Wie stark ist die gegenseitige Unterstützung ausgeprägt?

Antworten auf diese Fragen sagen viel darüber aus, ob Zuhören in einer Organisation begünstigt oder behindert wird. Um Einschätzungen zu quantifizieren, können den Organisationsmitgliedern auch Aussagen vorgelegt und um eine Bewertung auf einer Skala gebeten werden. Nachfolgend schlagen wir einige solcher Aussagen vor. Allerdings handelt es sich dabei nicht um einen wissenschaftlich geprüften Fragebogen.

> **Übersicht möglicher Aussagen zur Erfassung des Klimas in einer Organisation mit dem Fokus auf gutem Zuhören**
> - „Niemand muss befürchten für eine Idee oder einen Vorschlag kritisiert oder gar lächerlich gemacht zu werden."
> - „Höhere Führungskräfte haben ein ernsthaftes Interesse an der Meinung der Mitarbeitenden."
> - „Wenn ich meinen Kolleginnen und Kollegen eine Anregung gebe, dann wird diese gerne aufgegriffen."
> - „In unseren Gesprächen entwickeln wir viele gute Ideen."
> - „Wir bitten einander um Hilfe."
> - „Wir unterstützen uns gegenseitig."

Stimmen die Mitglieder einer Organisation den Aussagen stark zu, dann dürfen wir von einem deutlich ausgeprägten Klima des Zuhörens ausgehen. Doch wie kann dieses Klima nun gezielt gefördert werden, wenn den Aussagen nur in geringem Ausmaß zugestimmt wird? Unsere Anregungen in Tab. 5.1 richten sich vor allem an die oberen Führungsebenen einer Organisation, die durch ihr Vorbild und die Gestaltung von Rahmenbedingungen wesentlichen Einfluss ausüben können.

Viele Unternehmen haben gute Informationsformate etabliert, in denen das obere Management Informationen an die Beschäftigten weitergibt, z. B.

Tab. 5.1 Formate zur Förderung von gutem Zuhören

Art des Formats	Beschreibung
Zuhören durch das obere Management: „Wenn ich Geschäftsführer wäre, dann würde ich …"	Ein Format, das die oberste Führungsebene mit den Mitarbeitenden ins Gespräch bringt. Dabei haben Mitarbeitende (unabhängig von der Hierarchie) die Möglichkeit einem oder mehreren Geschäftsführern ihre Ideen vorzustellen. Die Verantwortlichen haben die Chance den Mitarbeitenden gut zuzuhören und aus den eingebrachten Ideen etwas zu machen. Konkret können beispielsweise im Rahmen dieses Formats 5 bis 10 Ideen von Mitarbeitenden präsentiert werden. Die Mitarbeitenden melden sich vorab an. Je nach Wahl der Überschrift können unterschiedliche Schwerpunkte gesetzt werden: „Zwei Stunden Talk mit der Geschäftsführung: Ihre Meinung zählt!", „Wir wollen als Arbeitgeber attraktiver werden: Ihre Ideen sind gefragt!"
Blind Date Lunches mit der Geschäftsleitung	Per Zufall können sich Mitarbeitende einem Mittagessen mit Mitgliedern der Geschäftsleitung zulosen lassen. In diesem Rahmen können die Verantwortlichen zum Beispiel Fragen zu den Arbeitsbedingungen etc. stellen: „Wie sind die Arbeitsbedingungen an Ihrem Arbeitsplatz?", „Wie gut fühlen Sie sich durch die Geschäftsleitung informiert?", „Welche Themen treiben Sie um?", „Wie könnten wir als Unternehmen besser werden?" Eine große Vielfalt an Fragen ist denkbar, um den Dialog in Gang zu bringen. Wichtig ist dabei, dass die Führungskräfte in erster Linie zuhören und in zweiter Linie informieren oder ihre eigene Meinung einbringen.
Mitarbeiterbefragung	In regelmäßigen (z. B. jährlichen) Mitarbeiterbefragungen können Mitarbeitende ihre Meinung äußern. Wichtig ist dabei vor allem, dass das Feedback der Mitarbeitenden ernst genommen wird. Das bedeutet unter anderem, dass Führungskräfte auf Basis der Ergebnisse zum Beispiel in Teambesprechungen nachfragen und gemeinsam mit den Betroffenen Maßnahmen ableiten. Es wäre unzureichend, nur über die Ergebnisse der Befragung zu informieren.

(Fortsetzung)

Tab. 5.1 (Fortsetzung)

Art des Formats	Beschreibung
Workshops	Zu unterschiedlichen Themen können Workshops angesetzt werden, um von Mitarbeitenden etwas zu erfahren und sie in Entscheidungsprozesse einzubinden (z. B. die Umgestaltung von Büroräumen, die Weiterentwicklung der Unternehmensstrategie, die Entwicklung von Ideen für mehr Nachhaltigkeit). Die Ergebnisse werden von den Gruppen vor dem oberen Management präsentiert.

Podcasts, Rundschreiben, Statements in Mitarbeitermagazinen, Betriebsversammlungen. Welche Formate gibt es, bei denen es explizit um das Zuhören durch das obere Management geht? Kommunikation darf in Unternehmen keine Einbahnstraße sein. Es braucht gut etablierte Kanäle von den Mitarbeitenden zum Management. Die in Tab. 5.1 vorgestellten Formate stehen beispielhaft für eine Haltung des Zuhörens. Ohne ernsthaftes Interesse an den Ideen und Anliegen der Beschäftigten werden diese nicht funktionieren. Je nach Ausgangslage kann auch ein umfangreicherer Organisationsentwicklungsprozess notwendig sein. In einem ersten Schritt kann die Ist-Situation ermittelt werden (z. B. durch eine Befragung und vertiefende Workshops) und ein gewünschter Ziel-Zustand erarbeitet werden (z. B. in Workshops). Im nächsten Schritt können unter breiter Einbindung der Beschäftigten Ideen entwickelt werden, um die Ist-Situation in Richtung des gewünschten Ziel-Zustands zu entwickeln. Mit dem CREW-Programm liegt ein Organisationsentwicklungsansatz vor, der auf die Förderung von gegenseitigem Respekt und Höflichkeit abzielt (Osatuke et al., 2009; Osatuke et al., 2013; Leiter et al., 2011). Eine detaillierte Beschreibung findet sich bei Häfner und Hartmann-Pinneker (2023).

5.2 Die Arbeitsbedingungen von Führungskräften

Gutes Zuhören benötigt als wichtige Zutat die Konzentration der Aufmerksamkeit auf den Gesprächspartner (Kluger & Itzchakov, 2022). Doch haben Führungskräfte überhaupt die Chance sich auf Ihre Gesprächspartner zu konzentrieren? Das liegt nicht allein in den Händen der Führungskräfte, sondern hängt auch von Rahmenbedingungen ab, die sie nur teilweise beeinflussen können. Tab. 5.2 enthält einige dieser Rahmenbedingungen.

Tab. 5.2 Rahmenbedingungen, die gutes Zuhören für Führungskräfte erleichtern, beziehungsweise behindern

Einflussfaktor	Beschreibung
Teamgröße	Um wie viele Teammitglieder muss sich eine Führungskraft kümmern? Wenn eine einzelne Führungskraft für 20 oder 30 Teammitglieder Verantwortung trägt, dann wird gutes Zuhören kaum gelingen können. Für die einzelnen Teammitglieder ist schlichtweg zu wenig Aufmerksamkeit vorhanden. Wir empfehlen Teamgrößen von 5 bis 10 Kolleginnen und Kollegen.
Räumlichkeiten	Besteht die Möglichkeit für ungestörte Gespräche? Diese Frage ist vor allem in Produktions- oder Logistikbereichen relevant. Auch dort sollten Führungskräfte die Chance haben mit Mitarbeitenden ungestört zu sprechen.
Arbeitsvolumen und Arbeitsdichte der Führungskräfte	Wie viel haben die Führungskräfte zu tun? Wie dicht sind ihre Arbeitstage? Wenn Führungskräfte beispielsweise einen vollen Job als Sachbearbeiter wahrnehmen und die Führungsaufgaben on top mit dazu kommen, dann werden sie ihren Mitarbeitenden kaum mit der notwendigen Aufmerksamkeit begegnen. Führungskräfte müssen die Chance haben ihr Aufgabenpaket so zu gestalten, dass sie für jedes Teammitglied ausreichend Zeit zur Verfügung haben (z. B. im Schnitt 5 % ihrer Arbeitszeit pro Woche).
Druck auf Führungskräfte	Angespannte Führungskräfte können nicht gut zuhören. Fühlen sich Führungskräfte mit Blick auf Kennzahlen, Zieltermine etc. zu stark unter Druck gesetzt, so werden sie kaum ausreichend kognitive Kapazitäten für ihre Mitarbeitenden haben. Für das obere Management wirft das die Frage auf: Was können wir tun, um die Führungskräfte in unserem Unternehmen zu entspannen? Das mag für Praktiker auf den ersten Blick irritierend wirken. Natürlich können nicht alle Stressoren aus dem Weg geräumt werden. Natürlich geht jede Führungsrolle mit besonderen Anforderungen einher. Es ist jedoch wichtig das Thema zu erkennen und sich um gesunde Rahmenbedingungen für die Führungskräfte zu bemühen (Häfner et al., 2019).
Störungen für Führungskräfte	Wenn beispielsweise in einem Unternehmen die Regel gilt, dass Führungskräfte für die nächst höheren Ebenen immer ansprechbar sein müssen und die nächst höheren Ebenen sich häufig mit dringenden Anliegen bei den Führungskräften melden, dann wird konzentriertes Arbeiten erschwert. Die Fokussierung der Aufmerksamkeit auf die Gesprächspartner leidet, wenn beispielsweise jederzeit mit einer Unterbrechung gerechnet werden muss. Gute Führung braucht störungsfreie Arbeitsphasen. Es ist klar, dass Unterbrechungen zum Führungsalltag gehören. Es kommt dabei stark auf die Dosierung an.

(Fortsetzung)

Tab. 5.2 (Fortsetzung)

Einflussfaktor	Beschreibung
„Rund um die Uhr"-Erreichbarkeit	Viele Führungskräfte arbeiten auch am Abend oder an den Wochenenden. Auch wenn sich das nicht ganz vermeiden lässt, sind Erholungsphasen wichtig. Wer sich am Abend gut erholt, wird am nächsten Tag besser zuhören können (Mojza et al., 2011).
Befriedigung grundlegender menschlicher Bedürfnisse	Es ist sehr wahrscheinlich, dass Führungskräfte, die ihre grundlegenden Bedürfnisse bei der Arbeit befriedigen können, bessere Zuhörer sind (Van Quaquebeke & Felps, 2016). Zu den grundlegenden Bedürfnissen gehören der Wunsch nach Zugehörigkeit, das Streben nach Autonomie und Kompetenzerleben (Van Quaquebeke & Felps, 2016). Führungskräfte, die sich in ihrer Kompetenz bedroht fühlen, werden kaum offene Fragen stellen, weil dies als Zeichen der Schwäche wahrgenommen werden kann. Wer sich einer Gruppe zugehörig fühlt und dort Sicherheit und Wertschätzung erfährt, wird sich in Gesprächen eher verletzlich zeigen, weil weniger Sorge vor abwertenden und zurückweisenden Reaktionen besteht. Wer bei sich viel Autonomie wahrnimmt, wird eher bereit sein, in Gesprächen die Kontrolle abzugeben und sich auf Impulse des Gesprächspartners einzulassen (Van Quaquebeke & Felps, 2016).

Bei den meisten Einflussfaktoren in Tab. 5.2 geht es um Stressoren bei Führungskräften. Auf Führungskräfte wirken eine Vielzahl von Stressoren ein (z. B. Unterbrechungen, emotional herausfordernde Situationen, Zahlendruck), die zu Stresserleben (z. B. Anspannung) führen können. Wie viel Stress erleben unsere Führungskräfte? Eine wichtige Frage für das obere Management in einer Organisation. Bei anhaltendem starkem Stresserleben sind negative Auswirkungen auf die Gesundheit sehr wahrscheinlich (z. B. negative Effekte auf die Schlafqualität, Herz-Kreislauferkrankungen, Burnout). Führungskräfte, die sich häufig überlastet fühlen, werden kaum die erforderliche Aufmerksamkeit für ihre Mitarbeitenden aufbringen können (Kluger & Itzchakov, 2022). Es ist eher wahrscheinlich, dass sie bei klassischen Führungsthemen (z. B. ein Mitarbeiter hat ein Anliegen) abwesend oder gar genervt reagieren. Es ist also wichtig, die Auslastung von Führungskräften gut im Blick zu haben. In Mitarbeitergesprächen mit Führungskräften kann deren Situation reflektiert und Maßnahmen eingeleitet werden. Gerade in größeren Unternehmen können auch Strukturen geschaffen werden, die für Führungskräfte entlastend wirken (z. B. Beratungs- und Unterstützungsangebote bei konkreten Führungsthemen).

5.3 Das Trainieren von gutem Zuhören

Neben der Vorbildwirkung des oberen Managements und der Gestaltung gesunder Arbeitsbedingungen für Führungskräfte können auch Trainings einen Beitrag für die Förderung von gutem Zuhören in einem Unternehmen leisten. Mittlerweile gibt es vielversprechende Trainingsansätze, die in Studien genutzt und evaluiert wurden. Wir geben in diesem Abschnitt einen Überblick über die Trainings-inhalte. Im besten Fall können sie eine Anregung für Führungskräfte sein, mit welchen Themen sich eine Auseinandersetzung besonders lohnt. Wir berück-sichtigen dabei aktuelle Trainings, für die positive Effekte gefunden wurden (Ikegami et al., 2010; Itzchakov, 2020; Itzchakov & Kluger, 2017; Itzchakov et al., 2018; McNaughton et al., 2008). Diese Übersicht enthält lediglich eine Auswahl. Die Beschreibung eines möglichen didaktischen Vorgehens im Training findet sich bei Ikegami et al. (2010, S. 144).

Übersicht zu Inhalten aus Kommunikationstrainings zur Förderung von gutem Zuhören

- Sich mit typischen Mythen rund um gutes Zuhören beschäftigen (z. B. gutes Zuhören laufe automatisch ab, sei angeboren und einfach umzu-setzen)
- Sich die negativen Effekte von schlechtem Zuhören vor Augen führen
- Sich mit der eigenen Verantwortung als Zuhörer auseinandersetzen
- Diskutieren, was wir als Zuhörer dazu beitragen können, damit unsere Gesprächspartner sich im Gespräch wohlfühlen
- Verstehen, dass gutes Zuhören in erster Linie eine Haltung ist („mit dem Herzen hören") und nicht die mechanistische Aneinanderreihung von Gesprächstechniken
- Sich auf Gespräche gut vorbereiten
- Positive oder negative Bewertungen des Gehörten oder auch des Gesprächspartners vermeiden – bei gutem Zuhören geht es nicht um Beurteilung und Bewertung, sondern um Interesse und Verständnis
- Empathie und Respekt zeigen (z. B. „Es tut mir leid, dass dieses Problem entstanden ist. Kannst du mir das Problem bitte genauer beschreiben?")
- Erlernen von Techniken, um die Aufmerksamkeit auf den Gesprächs-partner auszurichten und den Gesprächspartner besser zu verstehen (z. B. sich Notizen machen; sich bewusst um einen Perspektivwechsel

bemühen; bei sich selbst wahrnehmen, wenn man im Gespräch ungeduldig wird und/oder gedanklich schon bei der eigenen Erwiderung ist)

- In Gesprächen üben, nicht so offensichtliche Signale des Gesprächspartners zu erkennen (z. B. in der Körpersprache)
- An der eigenen Körpersprache arbeiten (z. B. Blickzuwendung)
- Erlernen, gute Fragen zu stellen, um Erklärungen zu bitten und mit Feedback umzugehen
- Beim Zuhören drei verschiedene Ebenen wahrnehmen können: die Inhalte, Signale der Körpersprache und den Ton des Gesagten
- Lernen zwischen der Person und dem Gesagten zu trennen und auf das Gesagte zu reagieren (z. B. „Ich sehe diesen Punkt anders." statt „Du hast unrecht.")
- Gehörtes zusammenfassen
- Gemeinsam mit dem Gesprächspartner die nächsten Schritte erarbeiten

Was Sie aus diesem *essential* mitnehmen können

- Gut zuhören zu können gehört zu den wichtigsten Führungskompetenzen (z. B. zur Förderung von Innovationen oder zur Steigerung der Mitarbeiterbindung) und ist leider keine Selbstverständlichkeit. Führungskräfte hören in der Regel schlechter zu, als sie selbst glauben. Umso wichtiger ist die Arbeit an diesem Thema.
- Gutes Zuhören ist der Motor für jede Beziehung. Wer als Führungskraft gut zuhören kann, wird mit vertrauensvollen Beziehungen zu seinen Mitarbeitenden belohnt.
- Wer ein besserer Zuhörer werden möchte, sollte sich weniger mit spezifischen Verhaltensweisen beschäftigen (z. B. dem Stellen offener Fragen), sondern mehr mit welcher Haltung er oder sie in Gespräche hineingeht. Echtes Interesse an den Bedürfnissen und Erwartungen der Gesprächspartner und die Fokussierung der Aufmerksamkeit auf das Gespräch sind wichtiger als das Einüben bestimmter Verhaltensweisen.
- Die Qualität des Zuhörens ergibt sich beim Gesprächspartner als Gesamteindruck, wobei die Mitarbeitenden auch berücksichtigen, ob ihre Führungskräfte mögliche Ablehnungen geäußerter Anliegen fundiert begründen und ob mit dem Gehörten nach den Gesprächen etwas angefangen wird. Gutes Zuhören ist also deutlich mehr als Schweigen.
- Gutes Zuhören lässt sich in vielfältiger Weise in den anspruchsvollen Führungsalltag integrieren (z. B. indem Führungskräfte auf eine E-Mail mit einem Telefonat reagieren oder mehrmals am Tag eine Runde durch ihr Team drehen).
- Gerade bei verstärkter Nutzung von Homeoffice und Online-Meetings gewinnt gutes Zuhören noch mehr an Bedeutung. Bei einer reduzierten Anzahl an

A. Häfner und S. Hofmann, *Zuhören für Führungskräfte,* essentials, https://doi.org/10.1007/978-3-662-66725-5

persönlichen Gesprächen, sollte die Gesprächsqualität dann umso besser sein. Es ist wichtig, an gemeinsamen Präsenztagen gezielt den Kontakt zu allen Teammitgliedern zu suchen.

- Durch Feedback können wir als Führungskräfte besser werden. So können wir uns zum Beispiel nach Gesprächen Feedback einholen (z. B. Als wie hilfreich hast du unser Gespräch erlebt? Gibt es Punkte, die aus deiner Sicht noch nicht richtig bei mir angekommen sind?).

- Gutes Zuhören ist nicht nur ein Thema für die einzelne Führungskraft, sondern auch eine Frage der Unternehmenskultur. Die Geschäftsführung kann mit gutem Beispiel vorangehen und eine Kultur des Zuhörens prägen (z. B. durch Formate, in denen die Geschäftsführung den Mitarbeitenden aufmerksam zuhört).

Literatur

Arendt, J. F. W., Verdorfer, A. P., & Kugler, K. G. (2019). Mindfulness and leadership: Communication as a behavioral correlate of leader mindfulness and its effect on follower satisfaction. *Frontiers in Psychology*. https://doi.org/10.3389/fpsyg.2019.00667.

Bodie, G. D., Jones, S. M., Vickery, A. J., Hatcher, L., & Kaitlin, C. (2014). Examining the construct validity of enacted support: A multitrait-multimethod analysis of three perspectives for judging immediacy and listening behaviors. *Communication Monographs*. https://doi.org/10.1080/03637751.2014.957223.

Castro, D. R., Anseel, F., Kluger, A. N., Lloyd, K. J., & Turjeman-Levi, Y. (2018). Mere listening effect on creativity and the mediating role of psychological safety. *Psychology of Aesthetics, Creativity, and the Arts*. https://doi.org/10.1037/aca0000177.

Dutton, J. E., Ashford, S. J., O' Neill, R. M., Hayes, E., & Wierba, E. E. (1997). Reading the wind: How middle managers assess the context for selling issues to top managers. *Strategic Management Journal*. https://doi.org/10.1002/(SICI)1097-0266(199705)18:5<407::AID-SMJ881>3.0.CO;2-J.

Ellinger, A. D., Ellinger, A. E., & Keller, S. B. (2003). Supervisory coaching behavior, employee satisfaction, and warehouse employee performance: A dyadic perspective in the distribution industry. *Human Resource Development Quarterly*. https://doi.org/10.1002/hrdq.1078.

Häfner, A., & Hartmann-Pinneker, J. (2023). *Wertschätzung in Organisationen fördern*. Hogrefe.

Häfner, A., Pinneker, L., & Hartmann-Pinneker, J. (2019). *Gesunde Führung: Gesundheit, Motivation und Leistung fördern*. Springer.

Häfner, A., & Truschel, C. (2022). *Fluktuationsmanagement: Ungewollte Kündigungen vermeiden*. Hogrefe.

Ikegami, K., Tahara, H., Yamada, T., Mafune, K., Hiro, H., & Nagata, S. (2010). Effects of a mental health training program for manufacturing company managers. *Journal of UOEH*. https://doi.org/10.7888/juoeh.32.141.

Itzchakov, G. (2020). Can listening training empower service employees? The mediating roles of anxiety and perspective-taking. *European Journal of Work and Organizational Psychology*. https://doi.org/10.1080/1359432X.2020.1776701.

Itzchakov, G., DeMarree, K. G., Kluger, A. N., & Turjeman-Levi, Y. (2018). The listener sets the tone: High-quality listening increases attitude clarity and behavior-intention consequences. *Personality and Social Psychology Bulletin.* https://doi.org/10.1177/014616721774787.

Itzchakov, G., & Kluger, A. N. (2017). Can holding a stick improve listening at work? The effect of Listening Circles on employees' emotions and cognitions. *European Journal of Work and Organizational Psychology.* https://doi.org/10.1080/1359432X.2017.1351429.

Itzchakov, G., Kluger, A. N., & Castro, D. R. (2017). I am aware of my inconsistencies but can tolerate them: The effect of high quality listening on speakers' attitude ambivalence. *Personality and Social Psychology Bulletin.* https://doi.org/10.1177/0146167216675339.

Kluger, A. N., & Itzchakov, G. (2022). The power of listening at work. *Annual Review of Organizational Psychology and Organizational Behavior.* https://doi.org/10.1146/annurev-orgpsych-012420-091013.

Kriz, T. D., Jolly, P. M., & Shoss, M. K. (2021a). Coping with organizational layoffs: Managers' increased active listening reduces job insecurity via perceived situational control. *Journal of Occupational Health Psychology.* https://doi.org/10.1037/ocp0000295.

Kriz, T. D., Kluger, A. N., & Luddy, C. J. (2021b). Feeling heard: Experiences of listening (or not) at work. *Frontiers in Psychology.* https://doi.org/10.3389/fpsyg.2021.659087.

Leiter, M. P., Laschinger, H. K. S., Day, A., & Gilin-Oore, D. (2011). The impact of civility interventions on employee social behavior, distress, and attitudes. *Journal of Applied Psychology.* https://doi.org/10.1037/a0024442.

Lloyd, K. J., Boer, D., Keller, J. W., & Voelpel, S. C. (2014). Is my boss really listening to me? The impact of perceived supervisor listening on emotional exhaustion, turnover intention, and organizational citizenship behavior. *Journal of Business Ethics.* https://doi.org/10.1007/s10551-014-2242-4.

Lloyd, K. J., Boer, D., Kluger, A. N., & Voelpel, S. C. (2015). Building trust and feeling well: Examining intraindividual and interpersonal outcomes and underlying mechanisms of listening. *International Journal of Listening.* https://doi.org/10.1080/10904018.2014.928211.

Lloyd, K. J., Boer, D., & Voelpel, S. C. (2016). From listening to leading: Toward an understanding of supervisor listening within the framework of leader-member exchange theory. *International Journal of Business Communication.* https://doi.org/10.1177/2329488415572778.

McNaughton, D., Hamlin, D., McCarthy, J., Head-Reeves, D., & Schreiner, M. (2008). Learning to listen: Teaching an active listening strategy to preservice education professionals. *Topics in Early Childhood Special Education.* https://doi.org/10.1177/0271121407311241.

Mojza, E. J., Sonnentag, S., & Bornemann, C. (2011). Volunteer work as a valuable leisure-time activity: A day-level study on volunteer work, non-work experiences, and well-being at work. *Journal of Occupational and Organizational Psychology.* https://doi.org/10.1348/096317910X485737.

Osatuke, K., Moore, S. C., Ward, C., Dyrenforth, S. R., & Belton, L. (2009). Civility, respect and engagement in the workforce (CREW): Nationwide organization development intervention at Veterans Health Administration. *Journal of Applied Behavioral Science.* https://doi.org/10.1177/0021886309335067.

Osatuke, K., Leiter, M., Belton, L., Dyrenforth, S., & Ramsel, D. (2013). Civility, respect and engagement at the workplace (CREW): A national organization development program at the Department of Veterans Affairs. *Journal of Management Policies and Practices, 1,* 25–34.

Rouse, E. D. (2020). Where you end and I begin: Understanding intimate co-creation. *Academy of Management Review.* https://doi.org/10.5465/amr.2016.0388.

Semmer, N. K., Tschan, F., Jacobshagen, N., Beehr, T. A., Elfering, A., Kälin, W., & Meier, L. L. (2019). Stress as offense to self: A promising approach comes of age. *Occupational Health Science.* https://doi.org/10.1007/s41542-019-00041-5.

Van Quaquebeke, N., & Felps, W. (2016). Respectful inquiry: A motivational account of leading through asking open questions and listening. *Academy of Management Review.* https://doi.org/10.5465/amr.2014.0537.

Zenger, J., & Folkman, J. (2016). What great listeners actually do. *Harvard Business Review.* https://hbr.org/2016/07/what-great-listeners-actually-do.

Zum Weiterlesen

Häfner, A., & Hofmann, S. (2021). *Die ersten 100 Tage als Führungskraft erfolgreich bewältigen: Was neue Führungskräfte beachten sollten.* Springer.

Häfner, A., & Hartmann-Pinneker, J. (2023). *Wertschätzung in Organisationen fördern.* Hogrefe.

Häfner, A., Pinneker, L., & Hartmann-Pinneker, J. (2019). *Gesunde Führung: Gesundheit, Motivation und Leistung fördern.* Springer.

Häfner, A., & Truschel, C. (2022). *Fluktuationsmanagement: Ungewollte Kündigungen vermeiden.* Hogrefe.

Alexander Häfner
Lydia Pinneker
Julia Hartmann-Pinneker

Gesunde Führung

Gesundheit, Motivation und Leistung fördern

Printed in the United States
by Baker & Taylor Publisher Services